Pe. JOSÉ BORTOLINI

Conheça a
BÍBLIA
Estudo popular

História do Cronista e Novelas bíblicas

1 e 2 Crônicas | Esdras | Neemias | 1 e 2 Macabeus
Rute | Jonas | Tobias | Judite | Ester

2

EDITORA
SANTUÁRIO

DIREÇÃO EDITORIAL:
Fábio Evaristo R. Silva, C.Ss.R.

CONSELHO EDITORIAL:
Ferdinando Mancilio, C.Ss.R.
Marlos Aurélio, C.Ss.R.
Mauro Vilela, C.Ss.R.
Ronaldo S. de Pádua, C.Ss.R.
Victor Hugo Lapenta, C.Ss.R.

COORDENAÇÃO EDITORIAL:
Ana Lúcia de Castro Leite

REVISÃO:
Luana Galvão

PROJETO GRÁFICO E CAPA:
Bruno Olivoto

ILUSTRAÇÕES DOS MAPAS:
Mauricio Pereira

Dados Internacionais de Catalogação na Publicação (CIP)
(Câmara Brasileira do Livro, SP, Brasil)

Bortolini, José
    História do cronista e novelas bíblicas: 1 e 2 crônicas, Esdras, Neemias, 1 e 2 Macabeus, Rute, Jonas, Tobias, Judite, Ester/ Pe. José Bortolini. – Aparecida, SP: Editora Santuário, 2018.

    ISBN 978-85-369-0542-6

    1. Bíblia - Estudo e ensino 2. Bíblia - Leitura 3. Evangelização 4. Palavra de Deus (Teologia) I. Título.

18-14916   CDD-220.07

Índices para catálogo sistemático:
1. Bíblia: Estudo e ensino 220.07

1ª impressão

Todos os direitos reservados à **EDITORA SANTUÁRIO** – 2018

Rua Pe. Claro Monteiro, 342 – 12570-000 – Aparecida-SP
Tel.: 12 3104-2000 – Televendas: 0800 - 16 00 04
www.editorasantuario.com.br
vendas@editorasantuario.com.br

A coleção: "Conheça a Bíblia. Estudo popular"

Tentar popularizar o estudo da Bíblia Sagrada parece tarefa fácil, mas não é. De certa forma, é como caminhar na contramão da exegese, pois o estudioso de Bíblia normalmente é levado a sofisticar o estudo e a pesquisa. Há inclusive quem diga que o estudo popular da Bíblia não é coisa séria. Todavia, visto que a Bíblia é patrimônio do povo e não dos especialistas, cabe aos letrados desgastar-se para tornar esse livro acessível aos simples, ou seja, aos que não tiveram e nunca terão oportunidade de conhecer a fundo as ciências bíblicas.

Ocorre-me, a esse respeito, uma velha comparação: a do tatu e o joão-de-barro. Exegese significa "tirar para fora", "extrair". É mais ou menos aquilo que faz o tatu: ao cavar uma toca, "tira para fora" boa quantidade de terra, mas não sabe o que fazer com ela, pois seu objetivo é viver no fundo do buraco. O joão-de-barro, ao contrário, recolhe essa terra e com ela constrói a própria casa. Algo semelhante acontece no campo dos estudos bíblicos: os exegetas "tiram para fora" inúmeras informações a respeito de determinado livro da Bíblia. Mas a tentação é pensar que sua tarefa se esgotou aí. Os simples, ao contrário, aproveitam-se dessas informações e fazem a própria caminhada de fé e de conhecimento da Palavra de Deus.

É isso o que se busca com a presente coleção "Conheça a Bíblia. Estudo popular". Oxalá o esforço do especialista em popularizar a Palavra de Deus, associado à fome e sede dessa mesma Palavra por parte dos simples, provoque novamente a exclamação de Jesus: "Pai celeste, eu te louvo porque... revelaste essas coisas aos pequeninos" (veja Mateus 11,25).

Apresentação

A coleção "Conheça a Bíblia. Estudo popular" foi pensada visando popularizar o estudo da Sagrada Escritura, a fim de que mais pessoas possam ter acesso a toda riqueza que existe em cada uma das páginas que compõe a Bíblia.

Este segundo volume é divido em duas partes. Na primeira, é apresentado o conjunto de livros, conhecido como "História do Cronista", que compreende os livros de 1 e 2 Crônicas, os livros de Esdras e Neemias. Também foram incluídos, nesta primeira parte, os livros de 1 e 2 Macabeus.

A chamada "História do Cronista" leva este nome, porque, segundo estudiosos, os livros de 1 e 2 Crônicas e os livros de Esdras e Neemias seriam obras de um mesmo autor, que, provavelmente, era sacerdote levita, residente em Jerusalém, por volta do ano 300 a.C. Chega-se a essa conclusão pelo estilo de escrita e pelas ideias fundamentais que seguem a mesma sequência nos quatro livros. Já os livros 1 e 2 Macabeus, situados também nesta primeira parte, apesar de não pertencerem à História do Cronista, constituem um importante relato para entender como o povo judeu reagiu aos ataques ao que eles consideravam os pilares fundamentais de sua identidade como povo: o Templo, a Lei e a raça.

Na segunda parte, é apresentado o conjunto de livros denominado "Novelas Bíblicas", em que estão os livros de Rute, Jonas, Tobias, Judite e Ester. Eles são chamados "Novelas

Apresentação

Bíblicas", porque possuem um estilo literário, ou seja, os autores criaram histórias ou contos para poder tratar de vários assuntos relacionados com a vida cotidiana, os costumes e a fé do povo judeu. Para compor essas obras, os diversos autores utilizaram os mais variados recursos para falar do presente vivido: usaram nomes simbólicos, a ironia e o humor, entre outros elementos. Os cinco livros que fazem parte deste conjunto querem, cada um a seu modo, com seus personagens e em seu respectivo tempo e contexto, responder a alguma situação específica vivida pelo povo da época.

Algumas orientações úteis para o leitor:
- As passagens bíblicas, presentes no livro, pertencem à Bíblia de Jerusalém, Bíblia Pastoral e, por vezes, são traduções diretas do próprio autor. Dependendo da Bíblia que o leitor estiver utilizando, os textos podem ser diferentes. Quando isso acontecer, o leitor deve procurar entender o sentido do texto e não apenas as palavras nele presente.
- As respostas de alguns exercícios encontram-se abaixo deles, e a ordem das respostas estão colocadas conforme o exercício proposto.
- Tenha sempre à mão um caderno de anotação, no qual você poderá escrever suas principais conclusões sobre o que foi estudado.

Boa leitura!

História do Cronista e Macabeus

1 e 2 Crônicas – Esdras – Neemias
1 e 2 Macabeus

1
Os livros das Crônicas

I. ANTES DE ABRIR OS LIVROS

1. Títulos diferentes

O nome hebraico dos livros das Crônicas não é tirado, como no Pentateuco, das palavras iniciais. Eles formam um conjunto intitulado "Livro das palavras dos dias". Na tradução grega, conhecida como LXX, esse conjunto recebeu o título "Paralipômenos", que significa "As coisas omitidas", omitidas evidentemente pela "História Deuteronomista". O título "Crônicas" deriva de São Jerônimo, que as chamou (em latim) "Crônicas de toda a história divina".

2. Um jeito diferente de contar a história

Alguém poderia perguntar: "Por que surgiram esses livros?" Uma das razões – talvez a mais importante – seja a de mostrar uma leitura diferente de história em relação à leitura proposta pela "História Deuteronomista" (os livros: Josué, Juízes, Samuel e Reis), que tinha como foco de inspiração o livro do Deuteronômio. Embora bastante desconhecidos, os livros das Crônicas têm o seu lugar na Bíblia e uma resposta para dar.

Junto com Esdras e Neemias, os livros das Crônicas compõem um bloco que podemos chamar de "História do Cronista". Esses quatro livros têm o mesmo autor, e isso pode ser constatado, entre outras coisas, pelo estilo e pelas ideias fundamentais que percorrem todo o bloco. O início do livro de Esdras repete o final do segundo livro das Crônicas, sinal de que esses quatro livros formam um conjunto, obra de um mesmo autor, que chamaremos de Cronista.

3. Descobrindo a identidade do autor

Não sabemos quem escreveu a "História do Cronista", mas é possível descobrir seus gostos e suas preocupações, bem como os motivos que o levaram a compor a obra.

O autor da "História do Cronista" deve ter vivido em Jerusalém no tempo da dominação persa, que se iniciou com o fim do cativeiro na Babilônia (538 antes de Cristo) e terminou com a chegada da dominação grega, sob o comando de Alexandre (por volta do ano 330). Os persas, embora permitindo que os judeus regressassem à própria terra, refazendo a vida, não toleravam que se organizassem politicamente. Favoreciam o campo religioso dos judeus, de modo que o período posterior ao exílio na Babilônia foi, aos poucos, sendo administrado pelos sacerdotes, tendo como ponto de unidade nacional o Templo de Jerusalém. Aliás, é nesse tempo que surge o Judaísmo, construído sobre três bases importantes: o Templo, a Lei, a pureza da raça.

É nesse contexto que vive e atua o Cronista. Ele certamente é um levita de Jerusalém e escreve a sua visão de história profundamente marcada pelo ambiente em que vive. Podemos situar sua atividade por volta do ano 300. Mais tarde, sua obra recebe alguns acréscimos por iniciativa de outras pessoas. Entre esses acréscimos podemos recordar as genealogias dos capítulos iniciais do primeiro livro das Crônicas. Além disso, dado que o Cronista faz do rei Davi a personagem principal da sua obra, devem ter sido acrescentados os capítulos 12 e 15, desse mesmo livro, bem como os capítulos de 23 a 27, pois todos eles fazem do rei Davi o administrador do culto, de modo que a organização religiosa (sacerdotes, levitas, porteiros, cantores e todo o pessoal do Templo) da época do Cronista tenha suas raízes na pessoa do próprio rei Davi.

4. Autor bem documentado

Quando escreveu a sua versão da história, o Cronista já podia dispor de boa documentação. Alguns desses materiais são desconhecidos, mas com certeza o autor utilizou os livros do Gênesis e Números, que já deveriam estar circulando em sua forma definitiva. Além disso, ele conhece os livros que compõem a História Deuteronomista. Eles se refere a certo número de outras obras, como, por exemplo, os livros dos reis de Israel e de Judá; cita um "midraxe" do livro dos Reis, bem como palavras ou visões de determinado profeta. Ele pode ter usado também fontes orais.

> **Midraxe**
> A palavra deriva do verbo hebraico *darash*, que significa "buscar, procurar". É um tipo de escrito típico dos judeus usado na interpretação de textos bíblicos do Antigo Testamento.

5. Historiador ou teólogo?

O Cronista não é um historiador no sentido que nós damos hoje a essa palavra. Seguindo o exemplo dos autores da História Deuteronomista, ele interpreta a seu modo os acontecimentos do passado, fazendo-os passar pelo crivo dos pressupostos do Judaísmo: o Templo, a Lei, a raça. O Templo e tudo aquilo que lhe diz respeito são o quadro de referências para avaliar os acontecimentos. Por isso, o Cronista deve ser visto mais como teólogo do que como historiador. A pessoa do rei Davi, apresentado como o fundador do culto de Israel, torna-se o termômetro ou a medida para avaliar todas as coisas. Fazendo de Davi seu herói e modelo, o Cronista evita tudo quanto possa obscurecer a imagem desse grande rei. Dessa forma, pode-se afirmar que a História do Cronista é mais um espelho da situação do seu tempo do que uma reconstituição do passado.

6. Por que Davi e não Salomão?

Na História Deuteronomista (veja 2 Samuel 7), Davi pretendia construir uma *casa* (templo) para Deus, mas, por meio de um profeta, Deus garante a construção de uma *casa* (ou seja, dinastia) para o rei. Garante também que a casa de Deus seja construída por seu filho e sucessor, Salomão. E a História Deuteronomista capricha na descrição dessa construção, consagração e funcionamento.

A História do Cronista, pelo contrário, atribui a Davi não só a iniciativa de construir o Templo de Jerusalém, como faz dele o grande arquiteto que deixa tudo bem preparado e ordenado a seu filho Salomão, de modo que este se torna mero executor. O motivo parece ser este: cheio de boas intenções, o governo de Salomão foi um verdadeiro desastre, pois acabou escravizando o povo e caindo na idolatria. E pegaria muito mal que um idólatra projetasse e construísse o Templo para Deus. Seria como que rebaixar o próprio Deus e seu Templo, equiparando-o com os palácios que Salomão construiu para si e para suas mulheres.

7. Por que não falar do Reino do Norte?

A História Deuteronomista mostra o que aconteceu após a morte de Salomão no ano 931: o império se dividiu, formando dois reinos: dez tribos passaram a constituir o Reino do Norte, às vezes chamado de Israel (Efraim ou José), e duas tribos (Judá e a tribo de Simeão, que acabou anexada por Judá) formaram o Reino do Sul, conhecido como Judá.

Ora, o rei Davi era da tribo de Judá, e, com a separação do império, o Reino do Sul permaneceu "fiel" a Davi, sendo governado por um descendente seu. No Norte não houve sucessão de descendentes de Davi. Normalmente os reis eram militares, que passavam a reinar após golpes de Estado. A separação dos dois reinos teve também consequências religiosas, pois no Norte foram criados dois santuários locais – Betel e Dã –, tidos como santuários idólatras pela História Deuteronomista e mais ainda pela História do Cronista. A História Deuteronomista registra a presença e atuação dos reis do Norte, enquadrando-os todos no "pecado de Jeroboão" – fundador do Reino do Norte e criador dos dois santuários locais.

A História do Cronista vai além, ignorando totalmente os reis do Norte e suas atividades, desde a fundação em 931 até seu desaparecimento em 722. Às vezes, falando de um rei de Judá, menciona o Reino do Norte, mas sempre de modo negativo, pelos motivos já conhecidos e que se tornarão mais claros ao longo deste estudo.

8. Os reis de Judá: gente boa ou má?

A seguir, veja a avaliação dos reis de Judá feita pela História Deuteronomista e pela História do Cronista. **Sugestão:** numa folha à parte, anote os motivos pelos quais cada rei é avaliado positiva ou negativamente, como sua relação com a Lei, com o rei Davi etc.

Reis de Judá	História Deuteronomista	História do Cronista
Roboão (931-913)	Negativa (1Rs 14,22)	Negativa (2Cr 12,1)
Abias/Abiam (913-911)	Negativa (1Rs 15,3)	--------------------
Asa (911-870)	Positiva (1Rs 15,11)	Positiva (2Cr 14,1)
Josafá (870-848)	Positiva (1Rs 22,43)	Positiva (2Cr 17,3)

Jorão (848-841)	Negativa (2Rs 3,2; 8,18)	Negativa (2Cr 21,10-11)
Ocozias (841)	Negativa (2Rs 8,27)	Negativa (2Cr 22,3-4)
Atalia* (841-835)	Negativa (2Rs 11)	Negativa (2Cr 22,10-12)
Joás (835-796)	Posit./negat. (2Rs 12,3-4)	Positiva (2Cr 24,2)
Amasias (796-781)	Posit./negat. (2Rs 14,3-4)	Positiva (2Cr 25,2)
Ozias (781-740)	Posit./negat. (2Rs 15,3-4)	Positiva (2Cr 26,4)
Joatão (740-736)	Posit./negat. (2Rs 15,34s)	Positiva (2Cr 27,2)
Acaz (736-716)	Negativa (2Rs 16,2-3)	Negativa (2Cr 28,1-4)
Ezequias (716-687)	Positiva (2Rs 18,3ss)	Positiva (2Cr 29,2)
Manassés (687-642)	Negativa (2Rs 21,2ss)	Negativa (2Cr 33,2)
Amon (642-640)	Negativa (2Rs 21,20-21)	Negativa (2Cr 33,22)
Josias (640-609)	Positiva (2Rs 22,2)	Positiva (2Cr 34,2)
Joacaz (609)	Negativa (2Rs 23,332)	----------
Joaquim (609-598)	Negativa (2Rs 23,37)	Negativa (2Cr 36,5)
Joaquin (Jeconias) (598)	Negativa (2Rs 24,9)	Negativa (2Cr 36,9)
Sedecias (598-587)	Negativa (2Rs 24,19)	Negativa (2Cr 36,12)

* Atalia é mulher, rompendo temporariamente a sucessão davídica.

9. Aprofundando os motivos da catástrofe

A História Deuteronomista apontava os reis como os principais responsáveis pela catástrofe do cativeiro na Babilônia. Vejamos agora o que diz a História do Cronista a esse respeito. A informação mais preciosa se encontra no final do segundo livro das Crônicas (36,14-16). Além de responsabilizar a autoridade política, a História do Cronista afirma que, do mesmo modo que os reis, todos os *chefes dos sacerdotes* e o povo multiplicaram suas infidelidades, imitando todas as transgressões dos povos que não conheciam o Deus de Israel, profanando dessa forma o Templo que Javé havia consagrado para si em Jerusalém. Além disso, salienta-se o constante desprezo pelos mensageiros de Javé, ou seja, os *profetas*, zombando deles, desprezando suas palavras e caçoando deles.

Veja, em seguida, a presença constante dos profetas na vida do povo, de acordo com as indicações de tempo em que atuaram. **Nota:** Em *itálico*, os profetas mencionados pelo segundo livro das Crônicas, e, em redondo, os profetas dos quais o Antigo Testamento conserva seus livros.

Reis de Judá	Profeta
Roboão (931-913)	*Semeías* (2Cr 12,5.15)
Abias /Abiam (913-911)	*Ado* (2Cr 13,22)
Asa (911-870)	*Azarias* (2Cr 15,1-8)
Josafá (870-848)	*Miqueias* (2Cr 18) e *Eliezer* (2Cr 20,37)
Jorão (848-841)	*Elias* (2Cr 21,12)
Ocozias (841)	------------------------------
Atalia (841-835)	------------------------------
Joás (835-796)	*Zacarias* (2Cr 24,20-22)
Amasias (796-781)	*Anônimo* (2Cr 25,15ss)
Ozias (781-740)	Amós, Oseias e Isaías I (Is 1-39), cf. 2Cr 26,22
Joatão (740-736)	Isaías I (Is 1-39) e Miqueias

Acaz (736-716)	Isaías I (Is 1-39) e *Oded* (2Cr 28,9ss)
Ezequias (716-687)	Isaías I (Is 1-39); cf. 2Cr 29,25; 32,20.32
Manassés (687-642)	-------------------------------
Amon (642-640)	-------------------------------
Josias (640-609)	Sofonias, Jeremias e Naum; *Hulda* (2Cr 34,22ss)
Joacaz (609)	Jeremias
Joaquim (609-598)	Jeremias e Habacuc
Joaquin (Jeconias) (598)	Jeremias
Sedecias (598-587)	Jeremias (cf. 2Cr 36,12) e Ezequiel

Algumas constatações:

1. Profetas é que não faltavam no tempo da monarquia em Judá. Aliás, o forte do movimento profético coincide exatamente com o período da monarquia, desde o seu surgimento no tempo de Samuel (por volta do ano 1040 antes de Cristo, quando Saul foi ungido rei), até o desaparecimento da monarquia no início do cativeiro na Babilônia (ano 586). É oportuno perceber a relação profeta-rei como uma relação tensa e, por parte do profeta, uma vigilância contínua dos possíveis desmandos do poder concentrado nas mãos do rei. O movimento profético praticamente surge e desaparece com o surgimento e o desaparecimento da monarquia.

2. A História do Cronista concorda com a História Deuteronomista ao apontar a monarquia como o responsável principal pelo desastre nacional, o exílio na Babilônia. Mas a História do Cronista acrescenta como igualmente responsáveis os chefes dos sacerdotes e também o próprio povo. Isso soava muito forte tanto no tempo anterior ao cativeiro na Babilônia quanto na época a ele posterior, tempo em que os judeus foram governados pela classe sacerdotal.

3. Depois do exílio na Babilônia, o movimento profético praticamente desaparece. Os livros dos profetas Ageu e Zacarias mostram como no seu tempo a voz dos profetas era pouco atendida. Eles podem ser chamados de "profetas da reconstrução do Templo", e tiveram de combater a morosidade e o descaso de muitos. Mais tarde, Malaquias, o último "profeta escritor", revela os desmandos da classe sacerdotal no desempenho de suas funções.

> **Funções dos sacerdotes**
> Percorrendo os textos do Antigo Testamento, podemos resumir as funções principais do sacerdócio:
> **1.** Ele está ligado aos oráculos (Deuteronômio 33,7-11; Juízes 18,5; 1 Samuel 14,41; 28,6). O oráculo é uma comunicação da vontade revelada de Deus, que serve de orientação para a prática, para o modo de ação.
> **2.** Instrução do povo na lei (Deuteronômio 33,10). Com o passar do tempo, a instrução da lei passou para as mãos dos doutores da lei, também chamados de escribas, surgidos na época posterior ao exílio na Babilônia.
> **3.** Administrar a justiça (no caso de Eli e Samuel; 1 Samuel 1-8).
> **4.** Oferecer sacrifícios (Deuteronômio 33,10).
> **5.** Cuidados profiláticos associados à religião do puro e do impuro (por exemplo Levítico 13-14). Algum autor moderno resumiu assim a função do sacerdote: "Ser um mediador indispensável para se entrar na esfera do divino". Os sacerdotes eram os guardiães das sagradas tradições do culto e do conhecimento de Deus.

10. Riscos ou "pecados" dos sacerdotes

2 Crônicas 36,14 acusa os chefes dos sacerdotes de terem "manchado o Templo que Javé havia consagrado para si em Jerusalém". A acusação não é clara, mas pode estar associada a um ou mais dos possíveis desvios dos sacerdotes, detectados ao longo de todo o Antigo Testamento.

1. Corrupção passiva: é o caso de Samuel e de Eli, que fizeram "vista grossa" diante da corrupção dos seus respectivos filhos. "Os filhos de Eli eram uns desalmados: não respeitavam o Senhor nem as obrigações dos sacerdotes com o povo. Quando um homem oferecia um sacrifício, enquanto se cozinhava a carne, vinha o ajudante do sacerdote empunhando um garfo, mergulhava-o dentro da panela ou caldeirão ou tacho ou travessa, e tudo o que garfava o levava ao sacerdote. Assim faziam com todos os israelitas que iam a Silo. E também, antes de queimar a gordura, o ajudante do sacerdote ia e dizia ao que estava para oferecer o sacrifício: "Dá-me a carne para o assado do sacerdote. Deve ser crua, pois não aceitarei carne cozida'. E se o outro respondesse: 'Antes é preciso queimar a gordura, depois podes levar o que quiseres', ele replicava: 'Não. Ou me dás agora a carne ou a levo à força'" (1 Samuel 2,12-16). Veja a seguir como Eli é brando em reaprender os próprios filhos. Os dois filhos de Samuel, por ele nomeados juízes, aceitavam subornos e julgavam contra a justiça (1Sm 8,1-4).

2. Alianças com o poder político. É a grande denúncia do profeta Amós contra o santuário de Betel, onde há um sacerdócio a serviço do rei Jeroboão II (Amós 7,10-17; a mesma denúncia feita pelo profeta Oseias). As alianças com o poder político se tornam mais graves no período posterior ao exílio na Babilônia, na pessoa do sumo sacerdote.

3. Os dois capítulos iniciais do profeta Malaquias denunciam fortemente os desmandos dos sacerdotes. São abusos referentes ao culto: apresentar ao Senhor pão impróprio, oferecer em sacrifício animais impróprios; oferecer sacrifícios de animais roubados, mutilados, doentes. Outras funções sacerdotais são abençoar e ensinar. Como punição por suas transgressões, os sacerdotes ficaram incapacitados para a bênção, e a sua bênção se tornaram maldição.

4. A religião propagada pelos sacerdotes torna-se pouco a pouco uma religião que afasta Deus do meio do povo, embora continuem acreditando que o Senhor Deus habita o templo de Jerusalém. Os sacerdotes são responsáveis pela criação da excludente religião do puro e do impuro, encurralando a divindade para a transcendência. A religião se torna assim uma religião de práticas rituais, e os sacerdotes se transformam em cumpridores de ritos de purificação, criando um abismo sempre maior entre a classe sacerdotal e o povo pobre e doente (veja-se o Salmo 15).

II. OLHANDO DE PERTO OS LIVROS

Formando uma unidade, os dois livros das Crônicas podem ser subdivididos em seções menores.

1. Genealogias (1 Crônicas 1 a 9)

Os primeiros nove capítulos da História do Cronista são dedicados a genealogias ou árvores genealógicas. À primeira vista, textos sem importância alguma. Todavia, são capítulos muito importantes para o autor da História do Cronista e para o povo judeu do seu tempo.

Na cultura daquele tempo, recordar fatos passados, ou seja, contar a história resumia-se em descrever a sucessão de gerações (veja o começo do Salmo 78). Portanto, para entender o significado dessas longas genealogias é preciso entrar no mundo cultural e social do tempo em que foram escritas.

Alguém poderia levantar a questão da confiabilidade dessas árvores genealógicas, mas assim fazendo estaria medindo um texto muito antigo com o metro de nossos dias. Mais do que averiguar a autenticidade desses nomes, é preciso entrar no coração e na sensibilidade do autor, que espelha o sentimento do povo daquela época. A confiabilidade, portanto, é uma preocupação dos leitores modernos, e não a preocupação primeira do autor da História do Cronista.

Isso não significa que o autor da História do Cronista tenha inventado todos esses nomes. Na época em que ele viveu, o Pentateuco já estava codificado e publicado. O Cronista com certeza serviu-se das listas de nomes contidas nos livros do Gênesis e Números.

Examinando as genealogias de perto, constatam-se alguns detalhes importantes. Elas se iniciam com Adão e se encerram com o rei Davi. A partir dessa informação, entendemos uma das motivações do autor. A sua narrativa de história tem origem com a própria origem da humanidade (Adão) e culmina com a personagem central da História do Cronista, o rei Davi.

As genealogias, portanto, têm um fio condutor que começa em Adão, continua em Abraão, passa por Moisés, chegando ao ponto alto com Davi. Tudo aquilo que o povo vive e espera na época do autor da História do Cronista é devido a Davi.

Vale a pena recordar o que foi dito acima. No tempo em que surgiu a História do Cronista, o povo judeu se encontrava sob a dominação persa. Os persas não permitiam que os povos dominados se organizassem politicamente. Economicamente, mantinham-nos submissos mediante a cobrança de pesados tributos. A única brecha que possibilitava a organização do povo se encontrava no campo religioso. Os persas, inclusive, fomentavam a dimensão religiosa do povo judeu. Foi assim que na época posterior ao exílio na Babilônia os judeus puderam se organizar do ponto de vista religioso, dando origem àquilo que conhecemos como Judaísmo. Ele foi construído sobre três pilares: a raça, a Lei e o Templo.

Retornando ao tema das genealogias, compreendemos então a presença daqueles personagens que são a garantia dos pilares sobre os quais o Judaísmo se constrói. Ele tem suas raízes na própria origem da humanidade (Adão); seu fundador é o patriarca Abraão, de quem os judeus podem ter certeza de serem seus descendentes (raça). A presença de Levi, um dos filhos do patriarca Jacó, faz pensar imediatamente no sacerdócio. Os sacerdotes que governam o povo no tempo do autor da História do Cronista são descendentes legítimos da família sacerdotal de Levi. Na lista dos descendentes das doze tribos, dá-se destaque à tribo de Judá, da qual descende Davi.

Atribuía-se a Moisés a autoria da Lei, ou seja, dos cinco primeiros livros da Bíblia, chamados de Torá (= Lei) pelos judeus, e que nós denominamos Pentateuco. Ora, Moisés é descendente de Levi, e seu irmão Aarão pode ser considerado o

Os livros das Crônicas

pai do sacerdócio judaico. Todas essas coincidências visavam reforçar a importância da Lei na organização do povo na época em que viveu o autor da História do Cronista.

O personagem central da História do Cronista é, como vimos, o rei Davi, da tribo de Judá. Diferentemente de quanto relata a História Deuteronomista, toda a organização do Templo – sua construção e todo o seu pessoal – é pensada e planejada por Davi. Salomão aparece como fiel executor do grande arquiteto que foi o seu pai. Dessa forma, atribui-se ao rei Davi o terceiro pilar sobre o qual se constrói o Judaísmo e o culto da época do Cronista: o Templo.

Resuma a primeira seção da História do Cronista, associando:

1. Adão	❶	○	Tribo à qual pertence o rei Davi
2. Abraão	❷	○	Tribo sacerdotal, à qual pertence Moisés
3. Levi	❸	○	É considerado o pai do sacerdócio judaico
4. Moisés	❹	❶	Homem que está na origem da humanidade
5. Aarão	❺	○	Rei que planejou a construção do Templo
6. Davi	❻	○	Rei que executou os planos de Davi
7. Judá	❼	○	É considerado o pai da Lei
8. Salomão	❽	○	Homem que está na origem da raça judaica

Respostas: 7; 3; 5; 1; 6; 8, 4; 2.

2. Davi, fundador do culto do Templo (capítulos 10-29)

Ao contrário daquilo que relata a História Deuteronomista, o Cronista pouco se interessa com o primeiro rei, Saul. Na verdade, o autor da História do Cronista tem pressa de chegar ao personagem central da sua história, o rei Davi. O primeiro livro de Samuel narra, abundantemente, os percalços do surgimento da monarquia com Saul. O Cronista ignora tudo isso, eliminando assim toda a tensão interna com a mudança do sistema das tribos para o regime monárquico. O caráter ambíguo da monarquia é ignorado, permitindo assim que a realeza de Davi não tenha oposição alguma. De Saul, a História do Cronista narra simplesmente a sua morte. Isso aumenta mais ainda a perplexidade. De fato, se já na História Deuteronomista a realeza de Saul era de algum modo contestada (foi ou não foi o primeiro rei?), na História do Cronista ele é praticamente ignorado.

Como já foi dito, a visão do Cronista em relação a Davi é mais serena e pacífica. Ele evita narrar aqueles episódios que comprometeriam a imagem do rei, como, por exemplo, o crime cometido ao assassinar Urias, a fim de ficar com sua esposa Betsabeia.

A partir de 1 Crônicas 11, o autor registra os feitos principais do seu grande herói: ele é rei de Israel, conquista Jerusalém, tornando-a capital do seu império, transporta a Arca da Aliança para Jerusalém, vence os filisteus e planeja construir o Templo.

> **Exercício**
> Compare dois textos que tratam do mesmo assunto, mas que são vistos de maneira diferente. Trata-se do recenseamento promovido pelo rei Davi e narrado em 2 Samuel 24 e em 1 Crônicas 21. Tente descobrir por que o recenseamento é visto como pecado pela História Deuteronomista e como ato bom e irrepreensível pela História do Cronista.

A partir de 1 Crônicas 22, o Cronista narra os preparativos para a construção do Templo. Como já foi salientado, tudo é planejado pelo rei Davi, inclusive as funções do pessoal ligado ao Templo: número de levitas e suas funções, distribuição dos sacerdotes, dos cantores, porteiros, encarregados do tesouro do Templo e dos dons votivos do povo e a organização dos leigos. Tudo é planejado pelo rei Davi, que, antes de morrer, passa todas essas recomendações e organização ao seu sucessor.

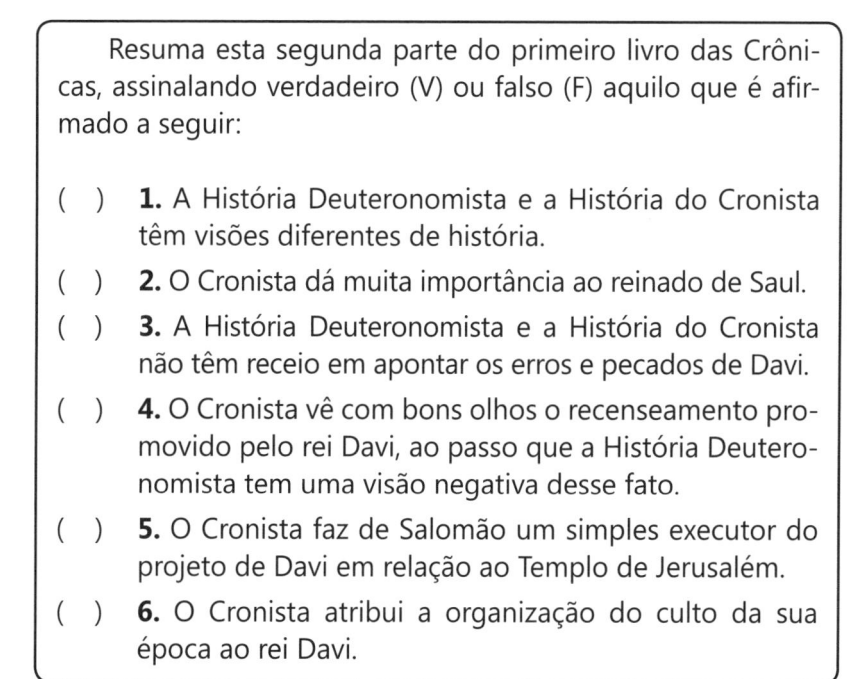

Resuma esta segunda parte do primeiro livro das Crônicas, assinalando verdadeiro (V) ou falso (F) aquilo que é afirmado a seguir:

( ) **1.** A História Deuteronomista e a História do Cronista têm visões diferentes de história.

( ) **2.** O Cronista dá muita importância ao reinado de Saul.

( ) **3.** A História Deuteronomista e a História do Cronista não têm receio em apontar os erros e pecados de Davi.

( ) **4.** O Cronista vê com bons olhos o recenseamento promovido pelo rei Davi, ao passo que a História Deuteronomista tem uma visão negativa desse fato.

( ) **5.** O Cronista faz de Salomão um simples executor do projeto de Davi em relação ao Templo de Jerusalém.

( ) **6.** O Cronista atribui a organização do culto da sua época ao rei Davi.

Respostas: 1.V; 2.F; 3.F; 4.V; 5.V; 6.V.

3. Salomão, construtor do Templo (2 Crônicas 1 a 9)

Os nove primeiros capítulos do segundo livro das Crônicas são dedicados à construção do Templo por Salomão. A descrição é bastante detalhada e se assemelha muito ao que está descrito a partir do capítulo 6 do primeiro livro dos Reis.

Antes, porém, de iniciar a construção do Templo, Salomão tem um encontro especial com Deus. Nesse encontro, o rei pede ciência e sabedoria para dirigir o povo. Deus atende ao pedido do rei e, além da ciência e da sabedoria, acrescenta as *riquezas*. Fica dessa forma justificado o acúmulo de bens praticado por Salomão e criticado pela História Deuteronomista.

Além de construtor, Salomão é apresentado como rei sábio, segundo a promessa que Deus lhe fizera antes que o Templo fosse construído. Como prova da sabedoria do rei, o Cronista relata o episódio da visita da rainha de Sabá.

De Salomão, o Cronista só recorda coisas boas: sábio, empreendedor, construtor, comerciante, homem rico. Omite a crítica feita pela História Deuteronomista, que de sábio passa a agir como louco, afundando na idolatria e afastando-se do seu Deus. Dessa forma, não fica claro, segundo o Cronista, por que após a sua morte o império se dividiu, formando dois reinos. A História Deuteronomista parece mais real.

Exercício
Leia Deuteronômio 17,17 e compare com 1 Reis 11,1-13 e, a seguir, tente descobrir por que o Cronista ignora aquilo que a História Deuteronomista aponta como pecado de Salomão. Depois, compare Deuteronômio 17,16 com 2 Crônicas 9,25-28.

4. Os descendentes de Davi no trono de Judá (capítulos 10-36)

Como foi mencionado acima, o Cronista ignora tudo o que aconteceu antes da divisão do império, acontecida com a morte de Salomão no ano 931. Além disso, o Cronista não se interessa pelo Reino do Norte, ignorando-o totalmente.

Ele se preocupa com os descendentes de Davi no trono de Judá, desde a separação (ano 931) até o desaparecimento (ano 586, início do exílio na Babilônia). São 345 anos de monarquia no Reino do Sul, conforme a promessa feita a Davi.

Dessa série de monarcas, salientamos apenas aqueles aos quais o Cronista atribui importância, pelo fato de estarem ligados a reformas cultuais. Em primeiro lugar, o rei Asa (911-870). Trata-se de uma minirreforma religiosa, que consistiu na destruição dos ídolos, sem todavia abolir os lugares altos que havia em Israel.

Ezequias (716-687) empreendeu a restauração do Templo e a reforma religiosa do pessoal a ele ligado. O Cronista lhe dedica grande espaço por ter sido um rei atuante na questão do culto. O Templo foi purificado, os objetos restaurados e os sacrifícios retomados. O capítulo 30 relata a celebração da Páscoa como festa central para Israel. Terminada a festa da Páscoa, procedeu-se à destruição total dos lugares clandestinos de culto, estendendo-se para além das fronteiras do Reino de Judá.

Mas a grande reforma foi empreendida por Josias (640-609), após a desastrosa administração de Manassés e Amon que, na visão do Cronista, foram reis perversos. Josias teve o apoio do profeta Jeremias e empreendeu a única grande reforma político-religiosa no Reino do Sul. Essa reforma foi alavancada pela descoberta no Templo em restauração do núcleo central do Deuteronômio (capítulos 12 a 26). A profetisa Hulda comprovou a autenticidade do texto, que se tornou o motor da reforma de Josias e, ao mesmo tempo, a estrela-guia da escola deuteronomista que produziu a História Deuteronomista.

Josias tinha também o plano de anexar o antigo e desaparecido Reino do Norte, mas sua reforma foi truncada pela repentina e inesperada morte do rei na batalha de Meguido. A partir da morte de Josias, Judá entra em decadência total. O último capítulo de 2 Crônicas (36) relata os derradeiros passos da monarquia rumo ao desaparecimento total e suas causas, que assinalamos na primeira parte deste estudo.

O livro se encerra com um anúncio feliz, retomado no início do próximo livro (Esdras), que dá prosseguimento à História do Cronista: "No primeiro ano de Ciro, rei da Pérsia, cumprindo a palavra que havia pronunciado por meio de Jeremias, Javé despertou o espírito de Ciro, rei da Pérsia. Ele mandou proclamar, por escrito e oralmente, estas palavras em todo o seu império: 'Assim fala Ciro, rei da Pérsia: Javé, o Deus do céu, entregou-me todos os reinos do mundo e me encarregou de construir para ele um Templo em Jerusalém, no território da Judeia. Quem dentre vós pertence a este povo que volte para lá. E que Deus esteja com ele'" (2 Crônicas 36,22-23).

> **Avaliação**
> Avalie o estudo dos dois livros das Crônicas. Anime-se para continuar estudando a História do Cronista, que continua em Esdras e Neemias.

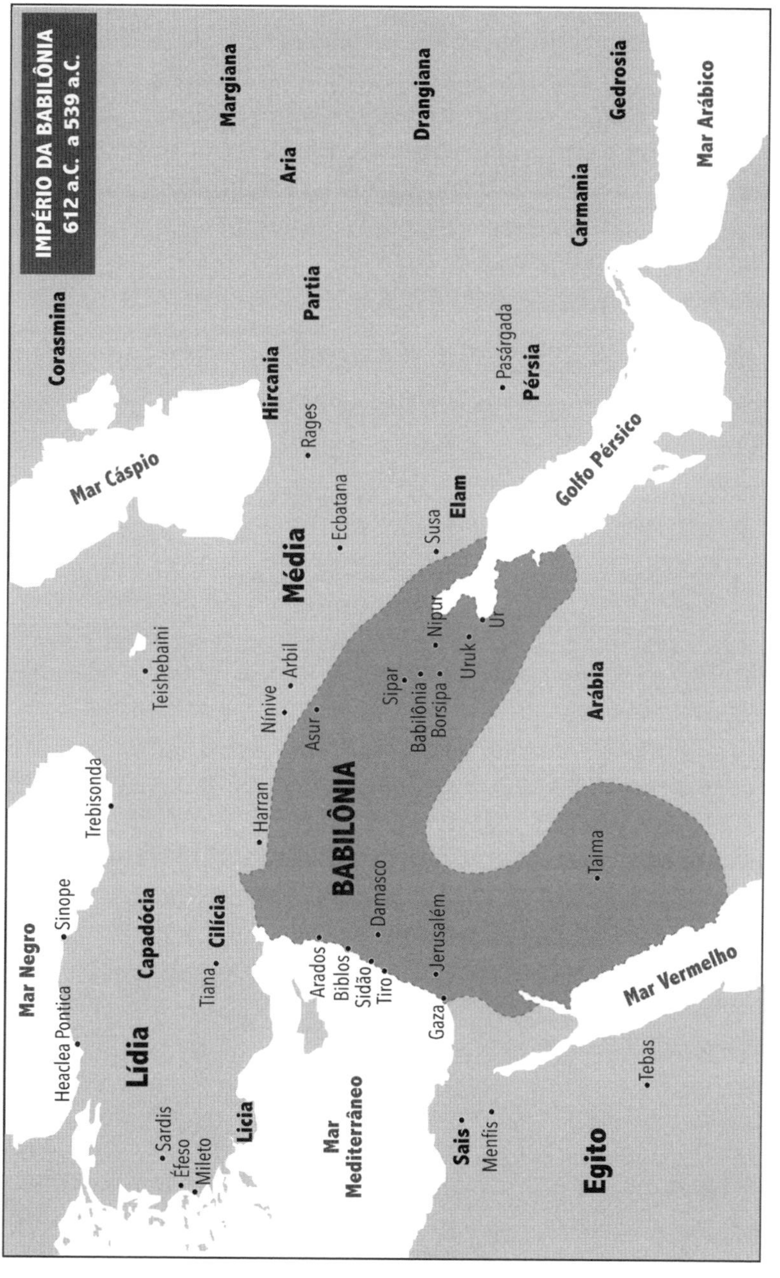
IMPÉRIO DA BABILÔNIA
612 a.C. a 539 a.C.
Corasmina
Margiana
Aria
Drangiana
Gedrosia
Mar Arábico
Carmania
Partia
Hircania
Mar Cáspio
Rages
Pasárgada
Pérsia
Golfo Pérsico
Elam
Susa
Ecbatana
Média
Teishebaini
Arbil
Nínive
Asur
Sipar
Babilônia
Borsipa
Nipur
Uruk
Ur
Arábia
Harran
BABILÔNIA
Trebisonda
Sinope
Mar Negro
Capadócia
Cilícia
Tiana
Heaclea Pontica
Lídia
Sardis
Éfeso
Mileto
Licia
Arados
Biblos
Sidão
Tiro
Damasco
Jerusalém
Gaza
Taima
Mar Vermelho
Mar Mediterrâneo
Sais
Menfis
Tebas
Egito

2
Os livros de Esdras e Neemias

I. ANTES DE ABRIR OS LIVROS

1. A história continua...

Sim. Os livros de Esdras e Neemias continuam e fecham a História do Cronista, iniciada com os livros das Crônicas. Portanto, devem ser lidos na perspectiva do Cronista e de seus objetivos. Se o segundo livro das Crônicas terminava com o início do exílio na Babilônia e com uma notícia da volta dos exilados por decisão de Ciro, rei dos persas, o livro de Esdras parte desse ponto em diante, sendo continuado pelo livro de Neemias, personagens importantes na reconstrução da identidade nacional no período posterior ao exílio. O final do livro de Neemias marca também o fim da História do Cronista.

Escritos em hebraico, esses dois livros trazem como título os nomes de seus personagens principais, como em português: Esdras e Neemias. A tradução grega, conhecida como LXX, intitula-os da seguinte maneira: Esdras = Esdras I, e Neemias = Esdras II.

2. Dois em um e muitas dificuldades

Da mesma forma que os livros das Crônicas formam um único volume, também Esdras e Neemias constituem uma única obra. Neles o Cronista retoma a história a partir do edito de Ciro, rei dos persas. Com esse decreto, os judeus puderam retornar à própria terra e refazer a vida a partir da construção do Templo de Jerusalém. O decreto de Ciro foi promulgado no ano 538, mas nem todos os judeus retornaram à pátria, e aqueles que voltaram depararam com grandes dificuldades na reconstrução do Templo por causa da oposição dos samaritanos; a obra só terminou no ano 515.

Os mesmos samaritanos criaram dificuldades na restauração das muralhas de Jerusalém durante 50 anos. Mais tarde, Esdras, que havia retornado para junto do rei da Pérsia, voltou a Jerusalém com nova caravana e com a autorização do rei da Pérsia, que lhe deu plenos poderes para impor aos judeus a Lei de Moisés. Em seguida, Neemias recebeu do rei persa, Artaxerxes, a autorização de reconstruir as muralhas da cidade santa. As obras caminharam rapidamente, e Jerusalém foi repovoada, tendo como governador o próprio Neemias.

Esdras, que era mestre da Lei, convocou todo o povo para uma solene assembleia, na qual o povo tomou consciência da importância da Lei para sua reorganização religiosa e social. O resultado disso foi a retomada das festividades religiosas, como a festa das Tendas. Neemias, tendo regressado à corte da Pérsia, viu-se obrigado a voltar a Jerusalém a fim de reprimir desordens.

Os samaritanos

Samaria, capital do Reino do Norte, foi destruída no ano 722 antes de Cristo. Desapareceu, assim, o Reino do Norte, pois a elite da população foi levada para o cativeiro. Para repovoar o território, os assírios instalaram povos vindos de várias regiões. Eles acabaram misturando-se com os que ficaram no país, dando origem a uma raça não tolerada pelos judeus: os samaritanos. Quando as populações do Sul retornaram do exílio babilônico (ano 538 em diante), os samaritanos queriam colaborar na reconstrução da cidade de Jerusalém e de seu Templo, mas foram impedidos por ser raça miscigenada. A rivalidade entre judeus e samaritanos perdurou até os tempos do Novo Testamento (veja João 4 e Lucas 9,51 e seguintes).

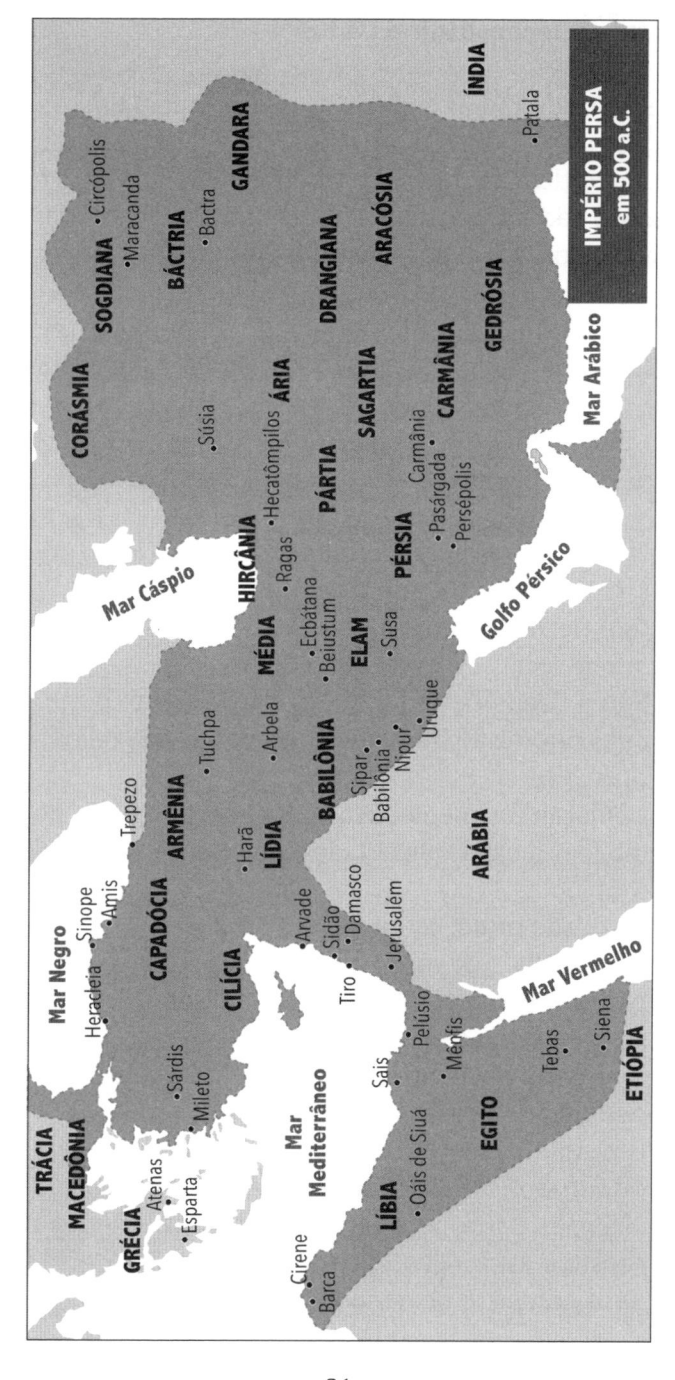

Os livros de Esdras e Neemias

3. Tentando reconstituir os fatos

Os livros de Esdras e Neemias não possuem uma sequência lógica, pois os fatos aí narrados estão misturados, e, se os lermos na ordem em que se encontram, teremos mais dificuldades. Isso não deve desanimar quem se propõe estudar esses dois livros, pois são praticamente a única fonte para reconstituir a história do povo de Deus no período depois do exílio na Babilônia. Aquilo que vem apresentado a seguir é o resultado do trabalho de muitos pesquisadores. Todavia, há outras propostas, entre elas a de respeitar o texto assim como está. Mas isso se choca com a cronologia dos reis da Pérsia, ao passo que o nosso esquema está de acordo com a sucessão desses reis.

586: Início do cativeiro na Babilônia (*por obra de Nabucodonosor*).
539: Ciro, rei da Pérsia, conquista a Babilônia.
538: Ciro decreta que os judeus podem regressar à pátria a fim de reconstruir o Templo (2 Crônicas 36 e Esdras 1).
537: Sob a liderança de Sasabassar, o primeiro grupo de judeus retorna à pátria, recomeçando a vida religiosa (Esdras 2-3).
536: Começam os preparativos para a reconstrução do Templo, em meio a dificuldades internas e externas (Esdras 4-5).
520: Atividade profética de Ageu e Zacarias.
518: Os trabalhos de reconstrução do Templo são interrompidos e, em seguida, retomados (Esdras 5-6). *O rei da Pérsia é Dario I.*
515: A reforma do Templo está concluída e celebra-se a sua dedicação (Esdras 6).
448: Um agrupamento de judeus se muda para Jerusalém (Esdras 8,1-30). *O rei da Pérsia é Artaxerxes I.*
445: Neemias parte para Jerusalém com o objetivo de reconstruir as muralhas da cidade (Neemias 1-2). Em seguida, é nomeado governador.

433: Neemias retorna à corte da Pérsia (Neemias 13). Atividade do profeta Malaquias.
430: Neemias e Esdras em Jerusalém. Esdras promove a leitura da Lei, gerando reformas (Neemias 8-10; 13).
429: O rei Artaxerxes permite que Esdras imponha a Lei aos judeus (Esdras 7-8).
428: Reformas de Esdras (Esdras 9-10).
423-404: Os samaritanos constroem o próprio templo no monte Garizim. *O rei da Pérsia é Dario II.*

4. Existe uma explicação para esse baralhamento?

Existem hipóteses. Isso se deve ao fato, como vimos acima, de não haver acordo entre os estudiosos. A hipótese mais provável está associada às fontes usadas pelo Cronista. Como vimos antes, ele escreve a sua história muito tempo depois de Esdras e Neemias. E para isso se serve de fontes, ou seja, de informações já existentes, como, por exemplo, as listas de pessoas, de famílias e de lugares que haviam sido conservadas em algum lugar; documentos de chancelaria, editos, cartas; um documento escrito em aramaico sobre a reconstrução do Templo; as memórias de Esdras e de Neemias etc. Partes desses textos foram conservados sem mudanças; às vezes, o Cronista retoca e acrescenta informações pessoais.

5. Presença e atividade dos últimos profetas

A época narrada pelo Cronista conta com a presença e participação dos últimos profetas do Antigo Testamento, ou seja, Ageu, Zacarias, Abdias, Malaquias e o profeta anônimo, autor de Isaías 56-66, chamado de Terceiro Isaías. Os dois primeiros se situam na época em que a reconstrução do Templo está em andamento. Ageu é o grande incentivador dessa atividade demorada, podendo ser chamado de "o profeta da reconstrução". Tempos depois, aparece o profeta Malaquias, que concentra sua pregação contra a corrupção religiosa dos sacerdotes, anunciando a volta do Senhor ao seu Templo. É o último dos profetas do Antigo Testamento. Antes dele, temos a atividade do Terceiro Isaías. Sua pregação concentra-se em torno de alguns temas principais: esperança, universalismo, culto autêntico, justiça social, idolatria...

> **Doados**
> A história do Cronista cita um grupo de pessoas não identificáveis com facilidade. Trata-se dos "doados" (por exemplo, Esdras 7,7; 8,17-20; Neemias 7,46ss). Algumas traduções os chamam de "escravos do Templo" ou "servos do Templo". Quem seriam? Não existe informação alguma acerca de sua origem. A opinião comum é que se trataria de prisioneiros de guerra dados ao Templo como escravos; existem antecedentes desse procedimento, por exemplo, na Mesopotâmia. Alguns retornaram da Babilônia no primeiro grupo de repatriados (1 Crônicas 9,2), outros regressaram do exílio com Esdras. No tempo de Neemias, eles moravam num setor de Jerusalém chamado Ofel. Parece que com o passar do tempo eles tenham adquirido ou a liberdade ou a cidadania judaica.

II. OS LIVROS DE ESDRAS E NEEMIAS EM SEUS TEMAS PRINCIPAIS

1. A volta do exílio (539-537):
2 Crônicas 36 e Esdras 1-3

Há festa entre os exilados. O Salmo 126 o revela: "Quando Javé trouxe de volta os exilados de Sião, parecia um sonho. Nossa boca se encheu de sorrisos e nossa língua começou a cantar... Até entre os povos havia comentários assim: 'Javé fez por eles maravilhas'. Javé fez maravilhas por nós e, por isso, estamos contentes".

> **Exercício**
> Compare esse salmo com o Salmo 137, que diz: "À beira dos rios da Babilônia nos sentamos a chorar de saudades de Sião. Nos chorões ali por perto penduramos as nossas harpas.

> Lá, aqueles que nos exilaram pediam canções, nossos sequestradores exigiam alegria: 'Cantem para nós um canto de Sião'. Como poderemos cantar uma canção de Javé numa terra estrangeira? Jerusalém, se eu me esquecer de ti, que minha mão direita fique seca! Que minha língua se cole ao céu da boca, caso eu não me lembre de ti, caso eu não faça de Jerusalém o ponto alto de minha alegria".

Em outubro de 539, o exército de Ciro, rei dos persas, toma a cidade de Babilônia, centro do poder do Império Babilônico, que havia exilado os judeus. Ciro é saudado pelo profeta anônimo, que costumamos chamar de Segundo Isaías (Isaías, capítulos 40 a 55), como "instrumento de Javé" no processo que devolve ao povo de Deus a possibilidade de desfrutar a liberdade na própria terra.

De fato, no ano seguinte (538), Ciro, novo "dono do mundo", promulga um edito, nos seguintes termos: "Javé, o Deus do céu, colocou em minhas mãos todos os reinos da terra. Ele me encarregou de construir-lhe um Templo em Jerusalém, na terra de Judá. Todo aquele que pertence ao seu povo suba a Jerusalém para construir o Templo de Javé, e que Deus esteja com ele..." (Esdras 1,2-3).

Notemos um detalhe importante: os repatriados têm permissão de voltar com objetivos nitidamente religiosos: reconstruir o Templo. Implicitamente, nega-se a possibilidade de os judeus se organizarem politicamente. Do ponto de vista econômico, a Judeia continuará pagando tributo à Pérsia, e um tributo pesado, agravado pela corrupção interna das famílias judaicas abastadas (veja logo Neemias, capítulo 5).

Os capítulos 2 e 3 do livro de Esdras apresentam a lista dos primeiros repatriados judeus no ano 537, sob o comando de Sasabassar: homens do povo, sacerdotes, levitas, cantores, filhos dos porteiros, "doados", filhos dos escravos de Salomão etc.

O total da primeira caravana de repatriados é de quarenta e duas mil, trezentas e sessenta pessoas, sem contar seus escravos e suas escravas, em número de sete mil, trezentos e trinta e sete. Têm consigo também duzentos cantores e cantoras. Possuem setecentos e trinta e seis cavalos e duzentas e quarenta e cinco mulas, quatrocentos e trinta e cinco camelos e seis mil, setecentos e vinte jumentos (Esdras 2,64-67).

O edito de Ciro devolve também todos os utensílios do Templo de Javé roubados por Nabucodonosor: cinco mil e quatrocentos.

Quando o povo repatriado já está estabelecido em suas cidades, reinicia-se em Jerusalém o culto: o altar para os holocaustos é reconstruído e celebra-se a festa das Tendas; oferecem-se os sacrifícios previstos para os sábados, luas novas e todas as solenidades. São contratados talhadores de pedras e carpinteiros; a madeira para a reconstrução do Templo vem do Líbano, por mar até Jafa, e daí para Jerusalém.

2. Em torno do Templo (536-515):
Esdras 4-6

As atividades para a reconstrução do Templo iniciaram-se dois anos após a chegada da primeira caravana de repatriados. Surgem também as primeiras dificuldades, internas e externas. Internamente, um ar de desânimo toma conta do povo, pois muitos que haviam visto o esplendor do antigo Templo, construído por Salomão, não se conformavam com a simplicidade e a pobreza do segundo Templo, menos majestoso e menos imponente.

É nessa ocasião que surgem os profetas Ageu e Zacarias, incentivadores da reconstrução e muito críticos em relação ao desinteresse do povo pelo Templo, pois muitos visavam apenas aos próprios interesses. Externamente, também surgem dificuldades. Os samaritanos (veja acima) querem participar da reconstrução do Templo, mas são impedidos pelos motivos que já conhecemos, ou seja, os judeus os consideram raça miscigenada e, portanto, não aptos a colaborar na reconstrução.

Inconformados, os samaritanos tentam impedir o andamento das obras do Templo pela via política, ou seja, denunciam junto às autoridades persas, acusando as lideranças judaicas de subversão. As obras são interrompidas e, somente no ano 515, são acabadas.

Estava assim construído o primeiro pilar sobre o qual se edificou o Judaísmo: o Templo. Sua dedicação (consagração) se deu no ano 515, e os repatriados puderam celebrar solenemente a sua festa principal: a Páscoa, bem como a festa dos Ázimos (Esdras 6,19-22).

Reveja o que foi dito até aqui, associando:

1. 539 — ① — Ano da primeira caravana de repatriados
2. 538 — ② — Rei da Babilônia derrotado por Ciro
3. 515 — ③ — Local fornecedor de madeira para o Templo
4. Ciro — ④ — Festas celebradas na dedicação do Templo
5. Sasabassar — ⑤ — Profetas que atuaram nesse tempo
6. Samaritanos — ⑥ — Povo que se opôs à reconstrução do Templo
7. Ageu e Zacarias — ⑦ — Líder da primeira caravana de deportados
8. Páscoa e Ázimos — ⑧ — Rei persa que libertou os judeus
9. Líbano — ⑨ — Ano em que terminou a construção do Templo
10. Nabucodonosor — ⑩ — Ano do edito de Ciro
11. 537 — ⑪ — ① Ano em que Ciro venceu Babilônia

Respostas: 11; 10; 9; 8; 7; 6; 5; 4; 3; 2; 1.

> **Sinagoga**
> A partir do ano 70 da nossa era, o Templo de Jerusalém do qual estamos tratando, reformado por Herodes, o Grande, desapareceu para sempre. Em parte, seu lugar é a partir de então ocupado pela sinagoga. Sua origem parece remontar aos tempos do exílio na Babilônia. Ela representa hoje o lugar da unidade judaica na fé e no culto.
> Havendo possibilidade, não deixe de solicitar uma visita à sinagoga mais próxima de sua casa. Será uma experiência inesquecível na casa de oração e de estudo do Antigo Testamento. Visitando uma sinagoga, você estará visitando a religião-mãe do Cristianismo.

3. As muralhas da cidade (448-433):
Esdras 14,8-22; Neemias 1-7; 13

"Deem uma volta ao redor de Sião, contando suas torres; coloquem o coração em seus muros... para contar à geração futura que este Deus é o nosso Deus para sempre! É ele que nos conduz!" (Salmo 48,13-15). "Jerusalém está construída como cidade em que tudo está ligado... Peçam a paz para Jerusalém... Haja paz em teus muros..." (Salmo 122,3.6-7).

No ano 448, Esdras, que havia retornado à Pérsia, junto ao rei Artaxerxes I, regressa a Jerusalém com um agrupamento de judeus, bem mais reduzido do que a primeira caravana.

Algum tempo depois (ano 445), Neemias parte para Jerusalém com um objetivo bem claro: reconstruir as muralhas da cidade (Neemias, capítulos 1 a 7). As dificuldades são inúmeras. Parafraseando o Salmo 149,6 – na garganta, aclamações a Deus e, nas mãos, espadas de dois fios –, o trabalho comportou também vigilância, pois a reconstrução das muralhas podia ter, aos olhos dos inimigos de Neemias, motivações políticas. De fato, Sanabalat, Tobias e Gosem debocham de Neemias e o acusam de subversão política ao pretender refazer as muralhas de Jerusalém: "O que vocês estão fazendo? Uma revolta contra o rei?" (Neemias 2,19).

Outra dificuldade refere-se ao campo social e está relatada em Neemias 5. Os judeus tinham de pagar pesado tributo à Pérsia, e esse tributo devia ser pago em prata. Ora, na Judeia prata não havia. Era, pois, necessário produzir para exportar e, com o dinheiro arrecadado, comprar prata para pagar o tributo. Isso não era tudo, pois atravessadores judeus se aproveitavam disso para explorar e extorquir. Daí a queixa do povo: "Somos obrigados a penhorar nossos filhos e nossas filhas para recebermos trigo, para podermos comer e sobreviver... Temos de empenhar nossos campos, vinhedos e casas para receber em troca trigo... Tivemos de pedir dinheiro emprestado, penhorando assim nossos campos e vinhedos para pagarmos o tributo do rei... Temos de entregar à escravidão nossos filhos e filhas, algumas das quais já são escravas. Não podemos fazer nada, pois nossos campos e vinhedos já pertencem a outras pessoas" (Neemias 5,2-5). O governador Neemias garante que, durante doze anos, ele e sua família não comeram o pão do governador, ou seja, o imposto para a manutenção do governador (Neemias 5,14).

Concluída a reconstrução das muralhas, são colocadas as portas; por ordem de Neemias, elas ficarão abertas a partir de quando o sol começar a esquentar, e serão fechadas quando o sol ainda estiver alto (Neemias 7,3). Tempos depois, Neemias retorna à Pérsia (ano 433, veja Neemias 13,6-7).

4. Em torno da Lei (430-429):
Neemias 8-10; 13,1-3; Esdras 7-8

O segundo pilar sobre o qual se ergue o Judaísmo é a Lei. O texto mais significativo encontra-se a partir do capítulo 8 de Neemias. Em Jerusalém, celebra-se uma grande assembleia. O povo todo se reúne na praça situada à frente da porta das Águas. Esdras, mestre da Lei, promove uma longa leitura da Lei de Moisés, do amanhecer até o meio-dia. A cerimônia é uma verdadeira "Liturgia da Palavra", à qual o povo adere de coração. A leitura da Lei provoca comoção no povo, que começa a chorar. Esdras ordena ao povo que não fique triste nem chore; pelo contrário, fique alegre, faça festa, regada com carnes excelentes e vinho, partilhando o que tem com quem não tem.

A leitura da Lei provoca reformas na vida religiosa do povo, como, por exemplo, a retomada da festa das Tendas. O povo vai para as matas e montanhas em busca de ramos de oliveira, pinheiro, murta, palmeira e outras árvores, a fim de fazer cabanas, como está prescrito na Lei. Dessa forma, pode-se afirmar que o dia da leitura da Lei é a data de nascimento do Judaísmo, a religião do Livro. Esdras obtém do rei Artaxerxes autorização para impor a Lei aos judeus (ano 429, veja Esdras, capítulos 7 e 8). Quando retornam da corte persa, Esdras e Neemias procedem à aplicação das reformas decorrentes da leitura da Lei (veja também Neemias 10).

5. Em torno da raça (428):
Esdras 9-10; Neemias 13,23-31

A reforma mais importante é também o terceiro pilar sobre o qual se ergue o Judaísmo: a raça. A reforma obriga os judeus casados com estrangeiras a repudiar e despedir a esposa. Esses fatos são narrados em Esdras, capítulos 9-10 e Neemias 13,23-31.

É difícil avaliar os prós e os contras dessa medida drástica. Não cabe ao leitor avaliar. Todavia, não se trata de uma decisão pacífica, pois as reações se manifestaram. A mais importante delas parece ser o livro de Rute, uma ficção que se opõe radicalmente à reforma de Esdras. Rute era mulher moabita, portanto, estrangeira. Seu apego à sogra judia abriu-lhe o caminho para que se tornasse nada mais nada menos que antepassada ilustre do grande rei Davi e, portanto, antepassada também de Jesus.

Avaliação
Numa folha à parte, anote aquilo que você aprendeu estudando os intricados livros de Esdras e Neemias. Memorize os três pilares sobre os quais se ergue o Judaísmo no seu nascimento. Tendo oportunidade, converse com um judeu sobre a importância da Lei e da raça na religião judaica.

3
Os livros dos Macabeus

I. ANTES DE ABRIR OS LIVROS

1. Um pouco de história

No ano 333, o mundo conhece um novo herói: é Alexandre Magno (336-323), que, como um relâmpago, destrói o império persa no ano 331, na batalha de Gaugamela. Em pouco tempo, todo o império persa passa para as mãos do novo "dono do mundo", constituindo-se, assim, um novo império, o império grego, que durará até o ano 63 antes de Cristo.

Alexandre Magno morreu jovem, e, após sua morte, o império grego acabou repartido entre seus generais. Para a história dos livros dos Macabeus, interessa-nos conhecer duas regiões desse império: o Egito, onde governam os Lágidas, e a Síria, comandada pelos Selêucidas. Essas duas partes do império grego são importantes para o nosso estudo, pois a Judeia se situa em meio a elas, disputada e dominada ora pelos Lágidas (de 319 a 200 antes de Cristo), ora pelos Selêucidas (de 200 a 142 antes de Cristo).

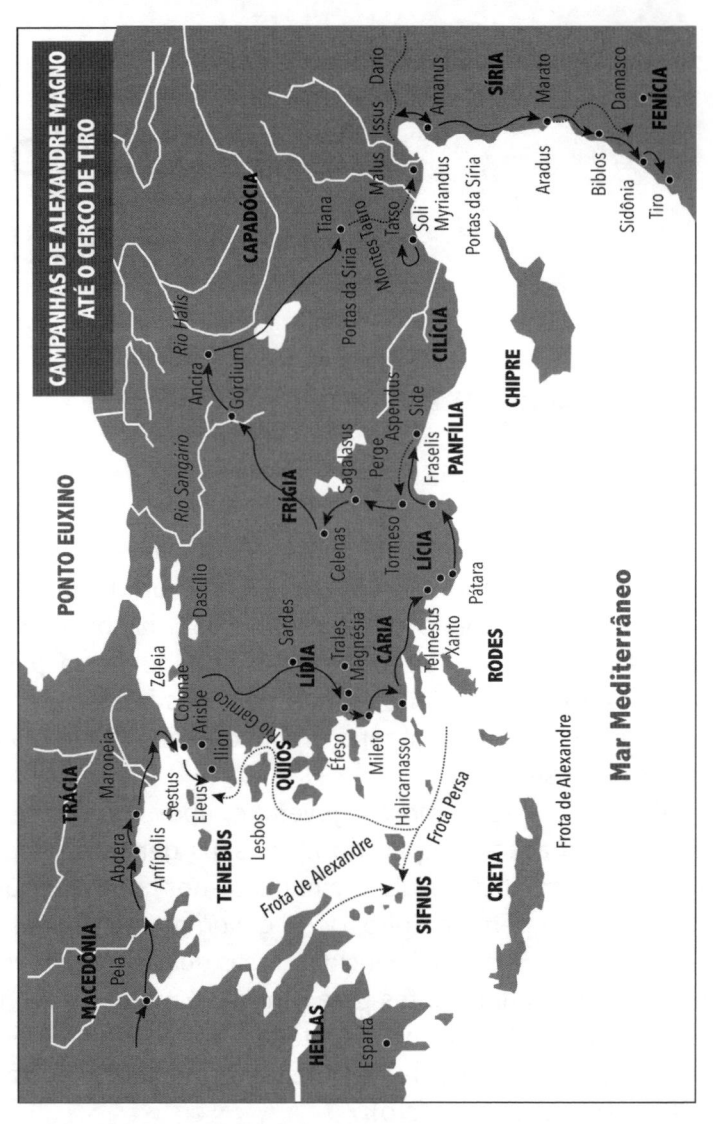

Os Lágidas, durante todo o século 3º, governaram a Judeia com menor rigor do que os seus sucessores, os Selêucidas, pelo menos no campo religioso, sendo tolerantes com a religião dos judeus. Os Selêucidas – sobretudo com Antíoco IV Epífanes – impuseram à força a cultura e a religião gregas, suscitando a guerra santa, conhecida como "A Revolta dos Macabeus".

2. O helenismo

Por helenismo entende-se todo o modo de viver e de pensar próprio da cultura grega, espalhada por todo o território dominado pelo império grego: língua, literatura, filosofia, arquitetura, religião, costumes, pensamento... numa palavra, helenismo é o modo próprio de vida dos gregos dessa época.

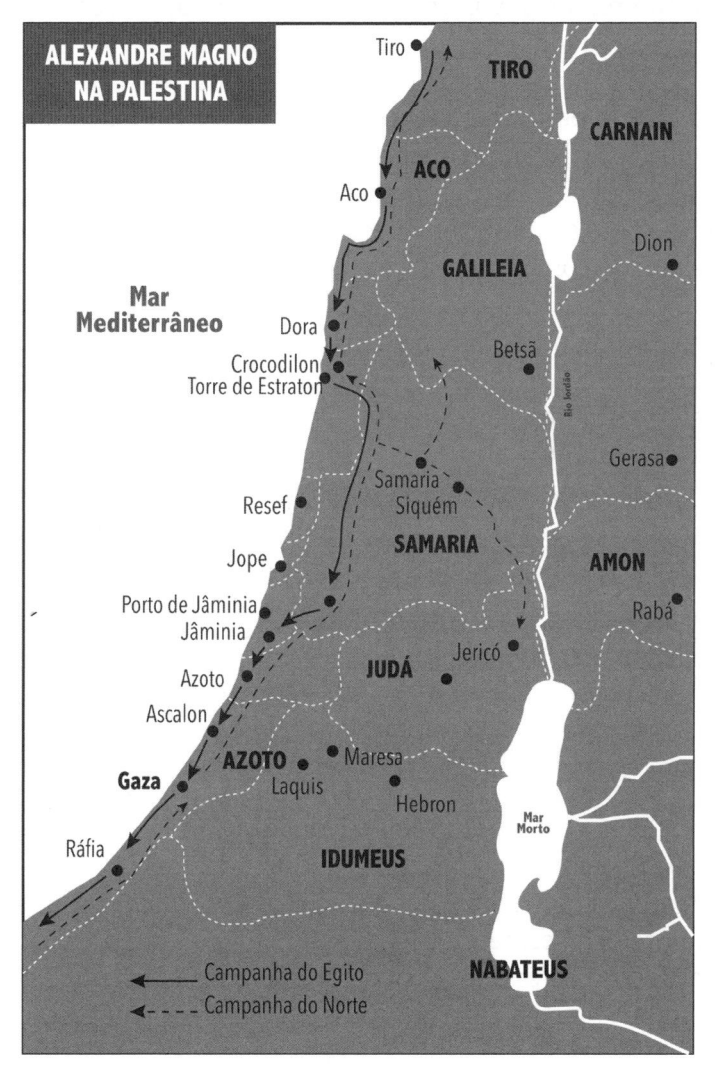

Alguns exemplos: 1. No campo dos costumes: o modo de vestir; 2. No campo da arquitetura: as construções – sobretudo nas cidades – espelham o estilo e o luxo da cultura grega; 3. No campo religioso: os povos dominados devem abandonar a própria religião para acatar a religião dos dominadores; 4. No campo do lazer: as cidades se enchem de locais de espetáculo, com arenas, teatros, saunas, estádios etc.; 5. No campo da gastronomia: os povos dominados são obrigados a aderir aos costumes alimentares dos dominadores...

Essas poucas informações mostram por um lado como uma cidade perde sua identidade ao assumir o helenismo e, por outro, como seus cidadãos se veem obrigados a abandonar as próprias tradições, perdendo dessa forma suas raízes e contato com as tradições de seus antepassados. Dessa forma, uma cidade comum se transforma em *pólis* grega.

O primeiro livro dos Macabeus oferece uma amostragem da reviravolta provocada pelo helenismo imposto por Antíoco IV Epífanes: "O rei (Antíoco) ordenou que todos renunciassem a seus costumes particulares... Ordenou que todos adotassem os costumes estranhos a seu país; mandou impedir os holocaustos, o sacrifício, profanando sábados e festas, contaminando o Santuário, construindo altares para os ídolos, imolando porcos e animais proibidos pela Lei..." (veja 1 Macabeus 1,41-47). A circuncisão era o sinal característico do povo da Aliança. Introduzindo o atletismo na *pólis*, muitos judeus que aderiam às competições, simulavam a circuncisão, pois os atletas competiam completamente nus, renegando, dessa forma, sua pertença à Aliança (veja 1 Macabeus 1,15).

1 Macabeus 1,41-64 traz uma longa série dos estragos provocados pela introdução do helenismo no mundo judaico. Vale a pena conferir a fim de certificar-se da tremenda violência feita contra a cultura, a religião e os costumes dos judeus. A isso se acrescente este agravante: muitos judeus tomaram o partido do helenismo, sendo considerados apóstatas e pessoas que renegaram a própria fé e a fé dos seus antepassados.

Igualmente grave é o preço a ser pago para transformar uma cidade normal em *pólis* grega. O peso maior, no caso de Jerusalém, recai sobre os agricultores, pois a *pólis* onera a vida e o trabalho dos campos. Não é sem razão que o iniciador da Revolta, Matatias, abandona Jerusalém e se estabelece em Modin, no interior (1 Macabeus 2,1).

3. Falando de datas

As datas nos livros dos Macabeus se referem à dominação selêucida na Judeia. A seguir, você encontrará a correspondência com a nossa datação. Por exemplo: em 1 Macabeus 1,10 se diz que Antíoco Epífanes se tornou rei no ano 137 da dominação dos gregos. Isso corresponde ao ano 175 antes de Cristo em nossa cronologia.

Ano	Acontecimento	Citação
175	Antíoco Epífanes começa a reinar	1Mc 1,10
169	Tendo vencido o Egito, Antíoco invade Jerusalém	1Mc 1,20
167	O altar do Templo de Jerusalém é profanado	1Mc 1,54
166	Matatias morre e é sucedido por Judas Macabeu	1Mc 2,70
165	Antíoco Epífanes invade a Mesopotâmia	1Mc 3,37
164	O altar do Templo de Jerusalém é consagrado	1Mc 4,52
163	Morte de Antíoco Epífanes	1Mc 6,16
162	Judas Macabeu cerca a fortaleza de Jerusalém	1Mc 6,20
161	Demétrio torna-se rei dos Selêucidas	1Mc 7,1
160	Báquides e Alcimo combatem Judas, e Judas morre	1Mc 9,3
159	Morte de Alcimo	1Mc 9,54
152	Alexandre Epífanes é rei em Ptolemaida	1Mc 10,1

152	Jônatas, irmão de Judas, torna-se sumo sacerdote	1Mc 10,21
150	Alexandre casa com Cleópatra, filha de Ptolomeu VI	1Mc 10,57
147	Demétrio chega de Creta	1Mc 10,67
145	Demétrio torna-se rei	1Mc 11,19
142	Israel livre, reinado de Simão	1Mc 13,41
140	Demétrio prisioneiro em Arsaces	1Mc 14,1
140	Inscrição em honra de Simão	1Mc 14,27
138	Antíoco cerca Trifão em Dor	1Mc 15,10
134	Simão morre e é sucedido por João	1Mc 16,14
143	Carta aos judeus do Egito	2Mc 1,7
124	Carta aos judeus do Egito	2Mc 1,10
163	Cartas	2Mc 11,21
163	Cartas	2Mc 11,33
163	Cartas	2Mc 11,38
163	Antíoco Eupátor invade a Judeia	2Mc 13,1
161	Alcimo visita Demétrio	2Mc 14,4

4. Os livros dos Macabeus

Os dois livros dos Macabeus recebem esse nome por causa de seu personagem principal, Judas Macabeu (apelido que significa "Martelo"). Eles não formam unidade e, provavelmente, não têm um único autor.

O primeiro livro dos Macabeus foi escrito em hebraico, mas foi uma tradução grega que chegou a nós. Pelo fato de ter (para nós) um original grego, esse livro (bem como o segundo) não consta na Bíblia dos protestantes, que os consideram apócrifos (isto é, não inspirados), ao passo que os católicos os aceitam como Palavra de Deus, chamando-os de "deuterocanônicos", ou seja, aprovados num segundo momento em relação aos demais.

> **Os deuterocanônicos**
> As Bíblias católicas consideram deuterocanônicos aqueles livros (do Antigo Testamento) ou parte deles que chegaram a nós escritos em grego. São eles: Baruc, Eclesiástico, Sabedoria, Tobias, Judite, 1 e 2 Macabeus e trechos de Daniel e de Ester. Você consegue memorizá-los?

Os livros dos Macabeus não pertencem à História do Cronista, composta pelos livros das Crônicas, Esdras e Neemias. Todavia, são importantes para conhecer a história do povo judeu num período bastante desconhecido. Além disso, servem para mostrar como o Judaísmo reagiu contra os ataques aos três pilares que o mantêm de pé: o Templo, a Lei e a raça. Na história narrada por esses livros, salienta-se, sobretudo, a defesa da Lei e do Templo.

O primeiro livro dos Macabeus tem uma introdução (capítulos 1 e 2), em que se descrevem as agressões do helenismo, que tenta sufocar e matar a alma judaica. É o tempo da dominação cruel de Antíoco IV Epífanes, que profana o Templo de Jerusalém e ordena a transgressão da Lei, incompatível com o helenismo. Esse mesmo rei tem pretensões divinas, considerando-se "manifestação de Deus" (este é o sentido do apelido "Epífanes").

Como vimos, a reação se inicia com Matatias e seus filhos, que fogem de Jerusalém para o interior e para lugares desérticos, como se fossem guerrilheiros. O corpo do livro tem o seguinte desenvolvimento:

1. *Atividade de Judas Macabeu* (anos de 166 a 160). Seus feitos heroicos são descritos a partir de 3,1 até 9,22. Judas faz uma campanha vitoriosa contra os generais de Antíoco, purifica o Templo e obtém para os judeus a liberdade de viver segundo seus costumes. Todavia, no tempo do rei Selêucida Demétrio I (tornado rei no ano 161), Judas Macabeu se vê cercado de dificuldades, vindas das intrigas do sumo sacerdote Alcimo, numa batalha contra Báquides (ano 160); Judas é morto, sendo substituído por seu irmão Jônatas.

2. *Atividade de Jônatas* (anos de 160 a 142). Seus feitos são narrados a partir de 9,23 até 12,53. Jônatas é mais estrategista político do que chefe militar. No trono dos Selêucidas, há ferrenha disputa, e Jônatas se aproveita disso, obtendo o título de sumo sacerdote por decreto de Alexandre Balas e sendo reconhecido como tal pelos sucessores (Demétrio II e Antíoco VI). Como fizera seu irmão, Judas, Jônatas faz aliança com os romanos e também com os espartanos. Após um período de paz, Jônatas é assassinado.

3. *Sucede-lhe seu irmão Simão* (anos de 142 a 134). Seus feitos são narrados nos capítulos de 13,1 a 16,24. As relações de Simão com os Selêucidas são amistosas, pois ele apoia o rei Demétrio II, sendo reconhecido mais tarde também por Antíoco VII como sumo sacerdote e autoridade política máxima do povo judeu. Simão obtém, dessa forma, autonomia política e, como seus irmãos, renova a aliança com os romanos. Quando Antíoco VII se indispôs contra os judeus, Simão é assassinado por seu genro. O primeiro livro dos Macabeus se encerra com esses episódios, sendo sucedido por seu filho João Hircano no ano 134.

Sumo sacerdote

O sumo sacerdócio esteve nas mãos da família sacerdotal de Sadoc (era uma sucessão hereditária) até o ano 175 antes de Cristo, com o sumo sacerdote Jasão substituindo Onias II. Antíoco Epífanes interrompeu a sucessão hereditária dos descendentes de Sadoc, fazendo do sumo sacerdócio um cargo que envolvia grandes interesses políticos e disputado pelas famílias nobres (sobretudo os Asmoneus). O sumo sacerdote era a figura mais importante na comunidade judaica da Palestina do período posterior ao exílio na Babilônia. Não era simplesmente o chefe do culto, mas também o presidente do Sinédrio, o supremo tribunal judaico do tempo de Jesus. Lembramos que também, nesses períodos, os judeus estavam submetidos aos grandes impérios da época: persa, grego e romano.

O segundo livro dos Macabeus não é continuação do primeiro. Pode-se dizer que é um texto paralelo ao do primeiro, capítulos de 1 a 7. Ele começa narrando acontecimentos pouco anteriores ao reinado de Antíoco IV, ou seja, acontecimentos referentes a Seleuco IV, encerrando a narrativa com a derrota de Nicanor, antes da morte de Judas Macabeu. Esse livro, diferentemente do primeiro, foi escrito originalmente em grego, sendo uma síntese de uma obra por nós desconhecida e atribuída a certo Jasão de Cirene. Não é propriamente um texto de história, no sentido que damos hoje a essa palavra; assemelha-se mais a uma pregação, e seu objetivo é agradar e edificar, narrando a guerra pela libertação comandada por Judas Macabeu. Nesse livro, o herói Judas aparece protegido por seres celestiais, e sua campanha militar é vencedora graças ao socorro vindo do céu.

O texto destina-se aos judeus residentes em Alexandria (Egito) com o objetivo de sensibilizá-los para a solidariedade com seus irmãos judeus da Palestina.

Dois temas sobressaem nesse livro: a resistência dos judeus, que permaneceram fiéis a sua fé e suas tradições; o tema da intercessão pelos falecidos. É a primeira vez que esse tema aparece no Antigo Testamento.

5. Tempos de resistência

Os livros dos Macabeus narram acontecimentos de uma das piores épocas na vida do povo de Deus, dominado pela crueldade de Antíoco Epífanes e seus sucessores. É também uma época de produção literária, visando apoiar a resistência dos Macabeus. Costuma-se situar, nessa época, o surgimento do livro de Daniel, de Judite e, provavelmente, também o de Ester. São textos animadores capazes de gerar força extraordinária na luta pela liberdade e vida, pela conservação das próprias raízes e identidade, pois sem essas características não existe povo.

O esforço é bem-sucedido, pois, apesar da morte de muitos em campo de batalha, com a posse de João Hircano, filho de Simão (ano 134), a Judeia desfruta da independência política até as portas de uma nova dominação (ano 63 antes de Cristo), quando o general romano Pompeu invade Jerusalém e assalta o Templo.

> **Criando uma genealogia**
> À semelhança do Cronista, tentemos criar a genealogia dos Asmoneus, que se prolonga na dinastia herodiana. Matatias (falecido no ano 166 antes de Cristo), gerou Judas Macabeu, Jônatas e Simão. Simão gerou João Hircano I (134-104 antes de Cristo). João Hircano gerou Aristóbulo I e Alexandre Janeu (103-76 antes de Cristo). Alexandre Janeu gerou Hircano II e Aristóbulo II. Aristóbulo II gerou Alexandre e Antígono. Antípater gerou Herodes Magno (37-4 antes de Cristo). Herodes Magno gerou Arquelau, Herodes Antipas, Felipe, Herodes e Aristóbulo. Aristóbulo gerou Herodes de Cálcis e Herodes Agripa I (falecido no ano 44 depois de Cristo). Herodes Agripa I gerou Herodes Agripa II (48-95 depois de Cristo).

II. OLHANDO DE PERTO OS LIVROS

1. Primeiro livro dos Macabeus

• **Introdução** (capítulos 1 e 2). O livro começa narrando, em poucas palavras, o surgimento de Alexandre Magno, criador do grande império grego. Com sua morte, o território foi dividido entre seus generais, também conhecidos como diádocos. O autor nos transporta, imediatamente, à época de Antíoco IV Epífanes (a partir do ano 175 antes de Cristo) e sua feroz implantação do helenismo na Judeia. O povo se dividiu em dois partidos: um caracterizado pela resistência, outro favorável e aliado do dominador. O capítulo primeiro (versículos 41 e seguintes) narra, abundantemente, os abusos e as feridas abertas pelo helenismo na alma dos judeus. O capítulo 2 apresenta Matatias e seus filhos como ponto de partida para a resistência. A revolta explode na cidadezinha de Modin, onde Matatias, ostensivamente, mata um judeu colaboracionista, fugindo a seguir para as montanhas em lugares desérticos.

Muitos se aliaram a Matatias e seus filhos, refugiando-se no deserto. O inimigo os atacou em dia de sábado, e eles, para não profanar o dia sagrado, preferiram morrer a lutar. O fato provocou um repensamento da obediência à Lei, e o grupo de Matatias jurou combater em dia de sábado, caso fossem atacados. A tomada de decisão está muito próxima daquilo que Jesus dirá mais tarde, ou seja, que o sábado foi feito para o homem e não vice-versa.

- **Atividade de Judas Macabeu** (1 Macabeus 3,1-9,22 – anos 166 a 160). Os generais Górgias e Nicanor invadem a Judeia e se preparam para enfrentar o exército de Judas Macabeu. Judas os vence na batalha de Emaús (ano 165 antes de Cristo). Desfrutando temporariamente de relativa paz, Judas empreende a tarefa de purificar e dedicar o Templo de Jerusalém (dezembro do ano 164; veja João 10,22). A campanha de Judas se estende para o sul contra os Idumeus e ao oriente contra os Amonitas; em seguida, marcha para o norte, para combater na Galileia, e novamente para o leste contra Galaad; novamente para o sul, vitorioso na Idumeia, e para o oeste, vencedor na Filisteia. Finalmente, Judas cerca a cidade de Jerusalém. Com a morte de Antíoco Epífanes, consegue a liberdade religiosa para o seu povo. Faz aliança com os romanos, porém morre na batalha de Beerzet (ano 160).

História do Cronista e Macabeus

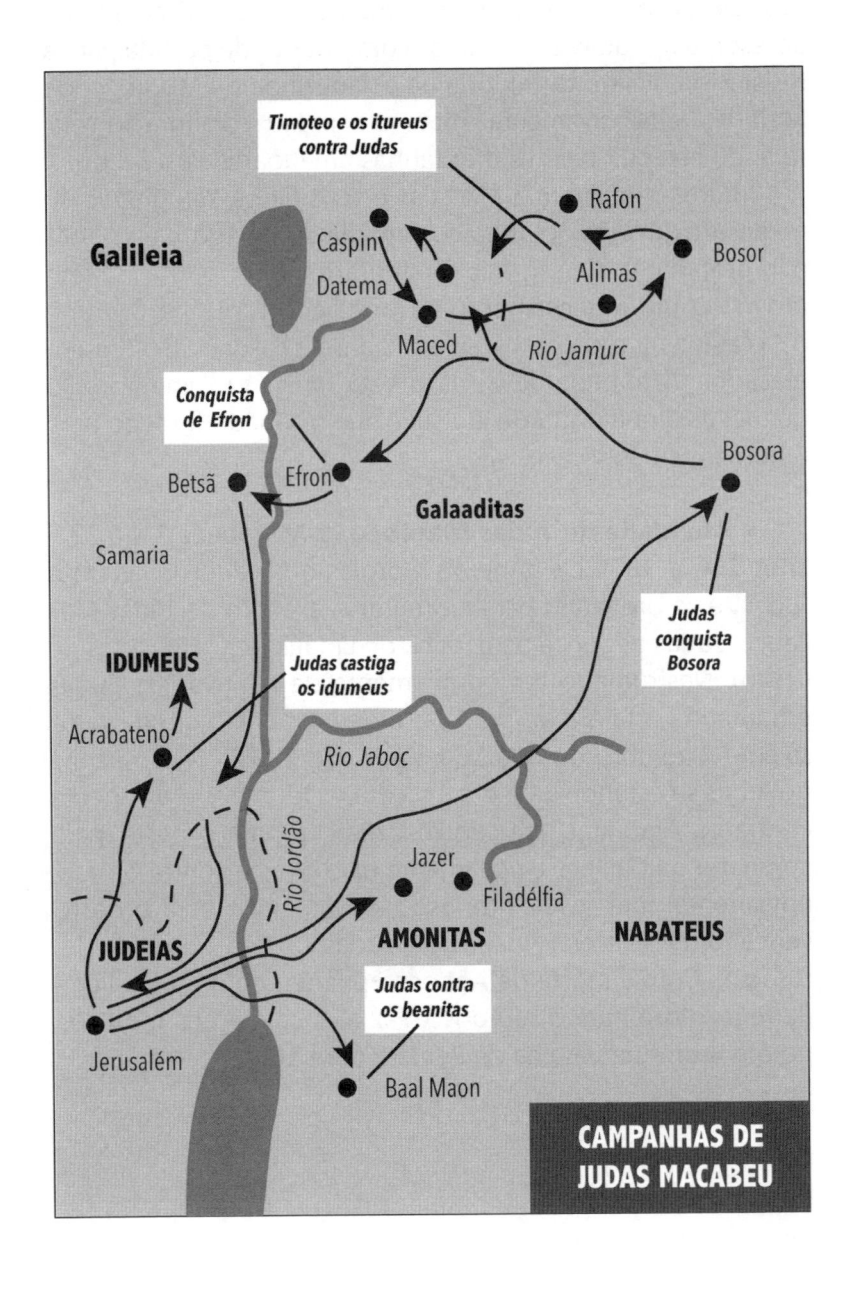

CAMPANHAS DE JUDAS MACABEU

- **Atividade de Jônatas** (1 Macabeus 9,23-12,53 – anos 160 a 142). Jônatas, irmão de Judas, assume a liderança numa situação em que se vê obrigado a resistir contra o partido favorável ao helenismo. Aproveitando a luta pelo poder no trono dos Selêucidas, Jônatas favorece politicamente Alexandre Balas, obtendo dele o cargo de sumo sacerdote. Mais tarde é nomeado governador da Judeia. Como seu irmão Judas, faz aliança com os romanos e espartanos e promove reformas em Jerusalém. Vítima de uma cilada, Jônatas morre nas mãos de Trifão (ano 142).

- **Simão, irmão de Jônatas** (1 Macabeus 13,1-16,24 – anos 142 a 134). O primeiro livro dos Macabeus dedica a última parte às atividades do terceiro filho de Matatias, Simão. Assumindo o comando, afasta Trifão da Judeia. Ele reforça as fortalezas e mantém boas relações com Demétrio II. A fortaleza de Jerusalém, há tempo ocupada pelos inimigos, é evacuada e purificada por Simão. Como seus irmãos que o precederam, renova a aliança com os romanos e os habitantes de Esparta. Demétrio II lhe confirma o sumo sacerdócio e o cumula de favores, tendo-o como um de seus amigos. Demétrio II é substituído por seu filho Antíoco VII, e as relações entre o novo rei e Simão, no início amistosas, aos poucos se tornam hostis. Numa ocasião em que Simão inspecionava as cidades do interior do país, durante um banquete, Simão é assassinado, junto com seus dois filhos, Matatias e Judas. Avisado em tempo, seu filho João consegue evitar o atentado contra ele e assume o poder no lugar de seu pai.

2. Segundo livro dos Macabeus

Como foi dito acima, o segundo livro dos Macabeus não é continuação do primeiro, mas um comentário-síntese dos sete capítulos iniciais de 1 Macabeus. É obra de outro autor que, por sua vez, fez um apanhado de um trabalho mais amplo, que se perdeu, atribuído a certo Jasão de Cirene (2 Macabeus 2,19-20). Essa obra deve ter sido escrita por volta de 160 antes de Cristo. Em vez de repetir as mesmas coisas referentes a Judas Macabeu, ressaltamos do segundo livro dois temas de grande impacto: o martírio do ancião Eleazar e da mãe com seus sete filhos, e a oração pelos mortos.

- **É preferível morrer a abandonar a própria fé** (2 Macabeus 6,18-7,42). Dois episódios chamam a atenção, e, com razão, seus personagens podem ser considerados mártires pré-cristãos. O primeiro refere-se a certo Eleazar (6,18-31). Eminente doutor da Lei, estava sendo forçado a comer carne de porco, proibida pela Lei. Como se recusasse, foi conduzido ao suplício da roda. Seus conhecidos tentavam corrompê-lo, sugerindo-lhe comer carnes permitidas como se fossem proibidas. Se aceitasse, além de livrar-se da morte, desfrutaria de regalias graças à posição social e à amizade com o rei.

A resposta de Eleazar não deixou dúvidas. Ele afirmou que, aos noventa anos de idade, não era hora de fingir em troca de alguns anos a mais. Além disso, seu fingimento seria uma mancha vergonhosa para a sua idade avançada e um péssimo exemplo para os jovens, mostrando a eles que não valeria a pena dar a vida pelas próprias convicções. Escaparia, sim, da morte momentânea, mas não das mãos de Deus. Assim pensando e agindo, encaminhou-se para a morte, fato que se tornou exemplo de generosidade e memorial de virtude.

O segundo exemplo (capítulo 7) relata o martírio de uma família inteira – a mãe e seus sete filhos. Na presença do rei Antíoco, todos foram coagidos a comer carnes proibidas pela Lei. Visto que se recusavam, montou-se um requinte de crueldade e de tortura: chicotes, assadeiras e caldeirões ardentes... Aquele que se fizera porta-voz da família teve a língua cortada, o couro cabeludo arrancado e os dedos cortados em suas extremidades. Foi assado vivo.

A mesma sorte coube aos cinco que lhe sucederam. Restavam a mãe e o caçula. Ela foi obrigada a convencer seu filho mais novo a renunciar à própria fé. Mas em vez de satisfazer o desejo do rei, na língua materna, ela o incentivou a não perder a coragem, dizendo-lhe: "Filho, tenha piedade de mim. Por nove meses eu carreguei você no meu ventre, e, por três anos, mamou no meu peito. Eu alimentei e eduquei você até hoje... Olhe para o céu... não tenha medo desse carrasco. Pelo contrário, seja digno de seus irmãos, aceite a morte, a fim de que eu volte a receber você junto com eles na Misericórdia".

Cheio de coragem, o filho mais novo encaminhou-se para o martírio, sendo seguido pela mãe.

• **A oração pelos mortos** (2 Macabeus 12,32-45). O episódio refere-se à campanha militar de Judas Macabeu contra o general selêucida Górgias. Após obrigar Górgias a bater em retirada, os soldados de Judas foram recolher os corpos dos soldados judeus caídos em campo de batalha. Descobriram, debaixo da túnica de cada um dos mortos, ídolos proibidos pela Lei. Diante da evidência do pecado cometido por aqueles que tombaram, todos começaram a rezar, pedindo a Deus que lhes perdoasse totalmente o pecado. Judas organizou uma coleta, enviando a Jerusalém, aproximadamente, duas mil moedas de prata, para que se oferecesse um sacrifício para expiar o pecado dos que morreram. E o autor comenta: "Ele agiu assim absolutamente bem e nobremente, pensando na ressurreição. De fato, se ele não esperasse que os mortos ressuscitariam, seria inútil e tolo rezar pelos mortos. Porém se considerava que uma belíssima recompensa estava reservada para os que adormeceram piedosamente, então o seu modo de pensar era santo e piedoso. Esse é o motivo pelo qual mandou oferecer o sacrifício de expiação por aqueles que haviam morrido, a fim de fossem absolvidos do seu pecado".

Esse texto, ausente nas Bíblias protestantes, é o ponto de partida para a prática de rezar pelos mortos, a fim de que sejam perdoados seus pecados.

História do Cronista e Macabeus

Como resumo dos dois livros dos Macabeus, faça as associações propostas.

1. Antíoco IV Epífanes ❶
2. Modin ❷
3. Helenismo ❸
4. Matatias ❹
5. Judas Macabeu ❺
6. Jônatas ❻
7. Simão ❼
8. Lágidas ❽
9. Selêucidas ❾
10. João Hircano ❿
11. Eleazar ⓫
12. Deuterocanônicos ⓬
13. Grego ⓭
14. Romanos e espartanos ⓮

○ Nome dado à cultura dos gregos
○ Reis gregos que dominaram o Egito
○ Nome dado aos livros escritos em grego
○ Fundador do império grego
○ Nome dado à cidade helenizada
○ Filho e substituto de Simão
❶ Rei selêucida que impôs o helenismo aos judeus
○ Iniciador da revolta dos Macabeus
○ General selêucida derrotado por Judas
○ Tema de 2Mc ausente na Bíblia protestante
○ Aliados dos judeus
○ Substituiu seu pai Matatias no comando
○ Cidade onde começou a revolta dos Macabeus
○ Irmão de Judas e seu substituto

Os livros dos Macabeus

15. Alexandre Magno ⑮	◯	Nome dado aos reis gregos da Síria
16. Górgias ⑯	◯	Substituto de Jônatas no comando
17. Oração pelos mortos ⑰	◯	Ancião mártir dos judeus fiéis à Lei
18. Pólis ⑱	◯	Língua dos livros dos Macabeus

Respostas: 3; 8; 12; 15; 18; 10; 1; 4; 16; 17; 14; 5; 2; 6; 9; 7; 11; 13

Novelas bíblicas

Rute – Jonas – Tobias
Judite – Ester

4
O livro de Rute

I. ANTES DE OLHAR DE PERTO O LIVRO

O livro de Rute é uma história breve e graciosa. Porém, antes de olhá-lo de perto, convém aprofundar algumas informações úteis para entender melhor a mensagem do livro.

1. "No tempo dos Juízes..."?

O início do livro de Rute situa os acontecimentos "no tempo dos Juízes" (1,1), ou seja, entre os anos 1200 a 1025 antes de Jesus nascer. Por causa dessa informação, o livro costuma aparecer na maioria das Bíblias após o livro dos Juízes. Contudo, podemos perguntar se essa informação é verdadeira ou se estamos diante de um truque, como acontece, frequentemente, em muitos textos da Bíblia. E a resposta parece ser positiva, ou seja, o livro não nasceu na época dos Juízes, mas muito mais tarde, depois que o povo de Deus voltou do cativeiro na Babilônia e se organizou sob a liderança de Esdras e Neemias. Isso aconteceu pouco mais de 400 anos antes de Jesus nascer. É a época em que surge o Judaísmo, e o antigo Reino do Sul passa a se chamar Judeia.

O Judaísmo se construiu sobre este tripé: o Templo, a Lei e a raça dos judeus. Nessa época, muitos textos do Antigo Testamento receberam a redação final, e outros tantos foram escritos, como se tivessem nascido séculos antes.

2. A reforma de Esdras e Neemias

A reforma de Esdras e Neemias (entre os anos 430 e 428 antes de Jesus nascer) previa, entre outras coisas, a pureza da raça (Esdras, capítulos 9 e 10). Para alcançar seus objetivos, Esdras criou a seguinte lei: todos os casamentos que envolviam judeus com pessoas estrangeiras deviam ser dissolvidos. Foi o que aconteceu.

O livro de Rute surge nesse contexto como crítica a essa lei xenófoba. De fato, Rute é mulher estrangeira e, no fim das contas, acaba entrando na história do povo de Deus como uma grande mulher, antepassada do rei Davi (4,18-22) e, para os cristãos, do próprio Messias (veja Mateus 1,5; Lucas 3,32). Isso faz pensar: quando é que uma lei é justa ou não? Aquilo que parecia um mal tornou-se um grande bem; aquilo que era símbolo de perdição e de pecado tornou-se símbolo de salvação.

3. A lei do cunhado ou do levirato

A lei do cunhado é descrita em Deuteronômio 25,1-10 e está presente no livro de Rute, entrelaçada com outra lei que veremos a seguir. A lei do cunhado prevê o seguinte: se um homem casado morre sem deixar filhos homens, seu irmão mais novo deve casar com a viúva. E o primeiro menino que nascer receberá o nome e a herança do defunto. Essa era uma lei que visava proteger as pessoas mais expostas à exploração (as viúvas) e garantir a posse dos bens deixados pelo defunto. No tempo de Jesus, os saduceus, que não creem na ressurreição, citando essa lei, tentam pegar o Mestre numa armadilha (veja Marcos 12,18-27).

4. A lei do resgate da terra

A lei do resgate da terra se encontra em Levítico 25,25, e diz o seguinte: "Se um irmão seu se arruinar e tiver de vender a terra que recebeu como herança, o parente mais próximo tem a obrigação de resgatar aquilo que o seu irmão vendeu". Dessa forma, as propriedades permaneciam no âmbito da família. Foi o que aconteceu com Elimelec, marido de Noemi, sogra de Rute: o terreno que ele deixou à viúva deveria ser resgatado pelo parente mais próximo.

Não se sabe exatamente como o terreno de Elimelec passou para a viúva Noemi, pois a lei do cunhado tinha, como vimos, também a função de preservar os bens do defunto. Na Bíblia, há o caso de mulheres que recebem terras em herança (veja Números 27,1-11).

Na língua do Antigo Testamento, o resgatador recebia o nome de *goel*. Com o passar do tempo, esse título adquiriu importância e sentido maiores, a ponto de significar "redentor", título que damos ao Senhor Jesus.

5. História ou ficção?

Eis a questão, sem resposta definitiva. Os que afirmam que o livro de Rute é pura ficção não conseguem explicar plenamente como é que essa mulher entrou nas listas dos antepassados de Davi e do próprio Messias. Aqueles que afirmam ser história também deparam com dificuldades. Para nós, não importa tanto uma ou outra questão, e, sim, a mensagem.

6. Nomes simbólicos

Os nomes dos principais personagens do livro de Rute têm o sentido simbólico, e isso pode ajudar de algum modo.

Elimelec (marido de Noemi) = Meu Deus é Rei;
Noemi = Minha doçura;
Mara = A amarga;
Belém = Casa do Pão;
Rute = A amiga;
Orfa = Aquela que dá as costas;

Maalon (filho de Noemi) = Estar doente;
Quelion (filho de Noemi) = Consumir-se;
Booz (esposo de Rute) = Forte. Booz era o nome de uma coluna do pórtico do Templo de Jerusalém (veja 1 Reis 7,21);
Obed (filho de Rute) = Servidor.

> **Brincando com os nomes**
> Você pode brincar com a associação de nomes simbólicos no livro de Rute. Por exemplo: **1.** O que acontece na "Casa do Pão" quando "Meu Deus é Rei" morre? *Resposta:* Falta pão. **2.** O que acontece quando "A amiga" casa com o "Forte"? *Resposta:* Nasce o "Servidor". **3.** O que acontece com "Minha doçura" quando morrem "Estar doente" e "Consumir-se"? *Resposta:* "Minha doçura" se torna "A amarga". Etc.

Escreva aqui suas descobertas acerca do livro de Rute.

II. OLHANDO DE PERTO O LIVRO

O livro de Rute tem nas mulheres suas principais personagens. O texto quase não fala de Deus, que age na trama do tecido da vida e no drama dessas mulheres corajosas e planejadoras. A história de Rute e de suas companheiras é a própria história do povo de Deus, com suas idas e vindas; há momentos de doçura e de amargura, situações em que se encontra doente e se consome, momentos em que dá as costas e momentos nos quais expressa amizade; situações de penúria e situações de abundância; momentos em que reconhece o absoluto de Deus, e situações que revelam a perda desse absoluto; momentos em que a casa está repleta de pão, e momentos em que falta pão; situações de separação e morte, e situações de encontro que gera vida e serviço. Enfim, a história de Rute e de suas amigas é a minha própria história e a de cada um de nós.

O livro de Rute tem quatro breves capítulos, que analisaremos a seguir, tomando emprestados trechos de nossos poetas e poetisas, que servirão de títulos.

Novelas bíblicas

Mar Mediterrâneo

ASER
NEFTALI
ZEBULON
BASAN
ISSACAR
MANASSÉS
DÃ
EFRAIM
GAD
AMONITAS
BENJAMIM
FILISTEUS
RÚBEN
JUDÁ
Belém
MOAB
AMALEQUITAS
SIMEÃO
EDOM
Deserto de Sim

BELÉM DE JUDÁ

1. (1,1-22): "Minha vida é andar por esse País, pra ver se um dia descanso feliz"

As informações são rápidas e curtas: na "Casa do Pão" (Belém) há seca e falta pão. A família de pequenos lavradores se vê obrigada a migrar para não morrer de fome. É composta de Elimelec e sua esposa Noemi, com dois filhos, com nomes cujo significado revela saúde precária: Maalon e Quelion – "Estar doente" e "Consumir-se".

Migraram para o país de Moab. Lá, Maalon e Quelion tomaram por esposas duas moças do país (portanto, estrangeiras): Orfa e Rute. Mas a situação, ao invés de melhorar, piorou. Não bastasse a fome, veio a morte do marido e dos dois filhos. Noemi – cujo nome significa "Doçura" (Dulce) – chegou ao fundo do poço: sem netos e sem marido. Por trás dos bastidores, soa o ideal de vida de um casal, expresso em Gênesis 1,28: "Cresçam e se multipliquem". Os filhos e os netos são uma bênção divina (veja Salmo 128,6). De nada vale a lei do cunhado, nem para Noemi, nem para suas noras. A solução encontrada por Noemi é mandar as noras de volta para seus parentes, a fim de recomeçarem a vida. Orfa, "Aquela que dá as costas", deu as costas a Noemi e voltou. Rute, "A amiga", apegou-se à sogra, disposta a enfrentar com ela qualquer situação: "Para onde você for, eu irei; onde você viver, eu viverei; seu povo será o meu, seu Deus será o meu Deus; onde você morrer, aí quero morrer e ser sepultada. Somente a morte vai nos separar. Se eu não agir assim, que Deus me castigue". Partilha total de vida e de religião, até a morte, por pura amizade, sem maiores interesses. Existe apego maior?

Noemi retorna a Belém, com Rute, pois fica sabendo que a fome havia desaparecido na sua terra. Retorna mais pobre, sem marido e filhos, apenas acompanhada de uma nora. Não quer mais ser chamada de Dulce (Noemi), mas de Amargura (Mara).

> Se você gosta de música popular brasileira, escolha uma frase que resuma o primeiro capítulo do livro de Rute.

2. (2,1-23): "Os boias-frias quando tomam umas biritas, espantando a tristeza, sonham com bife a cavalo, batata frita..."

O segundo capítulo introduz a figura de Booz, rico fazendeiro de Belém, parente de Elimelec e cultivador de cevada e trigo. Noemi e Rute chegam, justamente, na época da colheita da cevada. Em Israel, havia uma lei que permitia aos pobres (migrantes, órfãos e viúvas) respigar – isto é, catar restolho – atrás dos ceifadores. Rute vai à luta pela sobrevivência, respigando justamente nas lavouras de Booz.

Algo estranho acontece nesse homem rico, pois ao saber que Rute é nora de Noemi, sua parente, não só a deixa catar restolho, como a favorece com generosidade: providencia-lhe comida e bebida, ordena aos trabalhadores de não molestá-la, permite que respigue nos próprios feixes e a despede carregada de grãos.

Era o sinal que Noemi esperava. Lendo os acontecimentos, pressente que essa história terá final feliz. E orienta os próximos passos da nora.

> **Você sabia?**
> Aquilo que muita gente considera lixo, na verdade são sobras que poderiam alimentar muita gente. Você sabe, por exemplo, quanto por cento se perde numa feira? Você sabia que o lixo dos brasileiros é dos mais ricos do mundo e que países muito desenvolvidos o compram?

3. (3,1-18): "Gracias a la vida que me ha dado tanto me dió dos luceros que cuándo los abro perfecto distingo lo negro del blanco y en alto cielo su fondo estrellado y en las multitudes el hombre que yo amo"

O terceiro capítulo provoca a fantasia do leitor. O plano de Noemi é ousado: ela sugeriu a Rute tomar banho, perfumar-se, pôr a melhor veste e ir à eira onde Booz iria pernoitar vigiando a produção. Rute foi, deitou-se perto dele, descobrindo-lhe os pés. Meia-noite: Booz sentiu frio nos pés, acordou e descobriu que Rute estava deitada com ele. Antes que amanhecesse, ela se levantou e voltou para junto da sogra, temendo que alguém a visse e soubesse onde e com quem passou a noite. Voltou carregada de cevada...

Aquilo que aconteceu naquela noite junto à eira foi um mistério que Noemi descobriu, pois disse à nora: "Fique calma, filha, até que o problema se resolva. Ele não vai sossegar até resolver essa questão. E é pra hoje!"

> **E hoje?**
> Você conhece mulheres planejadoras e corajosas como Noemi e Rute?

4. (4,1-22): "Eu não quero mais a morte, tenho muito que viver; vou querer amar de novo e, se não der, não vou sofrer; já não sonho, hoje faço com meu braço o meu viver"

De fato, Booz foi muito ligeiro na busca de uma solução. Foi à praça da cidade e sentou-se. Passava por aí um parente de Noemi mais próximo do que ele. Convidou-o a sentar-se, reuniu dez testemunhas e começou a falar: "Fulano, você se lembra de Elimelec? A viúva dele, Noemi, está vendendo o terreno que o marido lhe deixou. Você é o parente mais próximo que tem o dever de comprar esse terreno, de modo que a propriedade não saia do âmbito familiar. Você quer comprar?" "Quero", respondeu ele. "Mas há outro problema: comprando o terreno, você adquire também a viúva Rute, cumprindo a lei do cunhado". "Então não!", respondeu ele, pois não queria prejudicar seus herdeiros.

O caminho para Booz casar com Rute estava aberto. Fulano abriu mão do dever de resgatador e de cumpridor da lei do cunhado. E, como prova documental, entregou a sandália a Booz. Assim ele pôde casar com Rute. Ela lhe deu um filho, que Noemi adotou como próprio. As mulheres festejaram com Noemi, dizendo: "Bendito seja Deus, pois hoje deu a você quem responda por você. O nome do falecido não morreu, e o menino será seu consolo e ajuda na velhice, pois quem deu à luz para você foi sua nora. Ela ama muito a você e vale mais que sete filhos".

Foi Noemi quem criou e educou a criança, chamada Obed, que significa Servidor. Gostava tanto dele, que as vizinhas afirmavam ser filho de Noemi.

Obed cresceu, casou e teve um filho chamado Jessé. E Jessé foi o pai do rei Davi.

> Faça um resumo da história de Rute e Noemi. Anote suas maiores impressões.

5
O livro de Jonas

I. ANTES DE ABRIR O LIVRO

1. O que o livro de Jonas não é

• *Um livro histórico.* Não se deve identificar o autor desse livro com o profeta Jonas, citado em 2 Reis 14,25. Aí se diz que Jeroboão II, do Reino do Norte, "restabeleceu as fronteiras de Israel, desde a entrada de Emat até o mar da Arabá, conforme Javé, o Deus de Israel, havia anunciado mediante o seu servo, o profeta Jonas, filho de Amati, natural de Gat-Héfer". Jeroboão II reinou de 783 a 743. Veja, nesta coleção, "O livro de Amós". Gat-Héfer situava-se no território governado por Jeroboão II, próximo à Caná do tempo de Jesus. Se identificássemos o Jonas do livro, que traz o seu nome com o profeta do tempo de Jeroboão II, ele seria anterior a Amós, o primeiro "profeta escritor". O livro de Jonas seria, então, contemporâneo do profeta Naum, que anuncia a ruína de Nínive, capital da Assíria.

Os estudiosos são unânimes em afirmar que não existem provas ou documentos que falem da mudança de religião na capital da Assíria. Se isso tivesse acontecido, como relata o livro de Jonas, certamente algum vestígio teria sido encontrado nas escavações e na documentação acerca dessa capital.

• *Um livro antigo.* Nínive, capital da Assíria, foi tomada por Ciáxares, rei dos medos, e Nabopolassar, rei dos babilônios, no ano 612. Era o fim do Império Assírio e o início do Império Babilônico. A Assíria foi quem destruiu o Reino do Norte e sua capital Samaria, em 722, levando o povo para o cativeiro. O Reino do Norte desapareceu para sempre, e a região foi repovoada com a instalação de povos estrangeiros. Aqui se situa a origem dos samaritanos (veja 2 Reis, capítulo 17).

• *Um livro profético.* O livro de Jonas é muito diferente dos outros livros proféticos. Por exemplo: muitos profetas têm em comum os oráculos contra as nações (veja Isaías 13-23; Amós 1). As diferenças dizem respeito também à atitude dos profetas: Jonas é, na verdade, quem mais precisa de conversão. E o livro que traz o seu nome termina com uma pergunta cuja resposta é bem clara: Deus se compadece da grande cidade de Nínive. Mas uma pergunta soa em surdina: será que Jonas se identificou com a compaixão de Deus?

O estilo do livro também difere bastante da maioria dos livros proféticos. Jonas não é um texto poético, e, sim, narrativo.

2. O que o livro de Jonas é

• *Um livro recente.* O livro nasceu depois que o povo de Deus voltou do cativeiro na Babilônia e se organizou sob a liderança de Esdras e Neemias. Isso aconteceu pouco mais de 400 anos antes de Jesus nascer. Nessa época, surge o Judaísmo, que se sustenta sobre estas três bases: o Templo, a Lei e a raça dos judeus. A reforma de Esdras e Neemias (entre os anos 430 e 428 antes de Jesus nascer) previa, entre outras coisas, a pureza da raça (veja Esdras, capítulos 9 e 10). O Judaísmo se torna, pois, uma questão de raça, e o Deus dos judeus passa a ser visto com essas lentes.

O livro de Jonas surge nesse contexto como crítica a essa religião de uma raça; deseja impedir que Israel se feche num exclusivismo perigoso. Muitos textos dão as mãos ao autor deste livro. Veja, nesta coleção, "O livro de Rute". Abra sua Bíblia e anote outros:

O livro de Jonas

Gênesis 12,3: "Por você serão _____
_____."

Gênesis 17,5: "Seu nome será Abraão, pois_____
_____."

Isaías 42,1: "O meu servo levará _____
_____."

Ezequiel 18,23: "Acaso eu sinto prazer _____
_____?"

Zacarias 8,23: "Dez homens de todas as línguas_____
_____."

Salmo 117,1: "Louvai a Javé, _____
_____."

Respostas: abençoadas todas as famílias da terra; ... eu o tornarei pai de muitas nações; ... o direito às nações; ... com a morte do injusto? ... faladas pelas nações pegarão um judeu pela barra do manto, dizendo: 'Nós queremos ir com vocês, pois ouvimos falar que Deus está com vocês'; ... nações todas, e o glorifiquem todos os povos.

Os estudiosos possuem muitas ferramentas para dizer se determinado texto bíblico é antigo ou recente. Uma dessas ferramentas é a análise da evolução do modo de escrever. O quadro seguinte pretende esclarecer essa questão.

Mais ou menos assim

Vamos entender o fenômeno da datação aproximada de certos textos bíblicos usando como exemplo a evolução de nossa língua. Esse é apenas um dos critérios. Suponhamos que eu e você estejamos no ano 2100 e tenhamos de descobrir a data aproximada de alguns textos antigos. Como agir? No primeiro texto encontramos palavras escritas de forma diferente da nossa, por exemplo, "ortografia" e "língua" aparecem assim: *orthographia* e *lingoa*. Depois de muito pesquisar, chegamos à conclusão de que esse modo de escrever é do tempo do descobrimento do Brasil. E datamos o texto no século 16.

Depois, temos de descobrir a data de um texto que contém a frase "êle vai à farmácia tôdas as vêzes... o médico fêz sòmente...". E descobrimos que o texto é anterior à reforma ortográfica de 1971, quando foram abolidos muitos acentos.

O terceiro texto fala de "mouse", "deletar", "Internet", "site", "microondas" etc. E acabamos descobrindo tratar-se de um texto do início do século 21, mais exatamente posterior à reforma ortográfica de 2010.

Com esse e outros critérios, chega-se à conclusão de que o livro de Jonas surgiu depois do exílio babilônico, terminado em 538 antes de Jesus nascer.

• *Um livro de ficção.* Se não é um livro histórico, resta-nos a possibilidade de considerá-lo uma ficção ou conto. O fato de não ser histórico não diminui sua importância, e sua mensagem permanece intacta. Considerando-o ficção, não precisamos perguntar-nos como é possível sobreviver três dias na barriga desse grande peixe (popularmente chamado de baleia). Além disso, não nos importamos com a rapidez com que cresce e seca a mamoneira que fazia sombra a Jonas, pois, quando lemos um conto ou um texto de ficção, essas coisas são irrelevantes.

É possível, ainda, tecer uma reflexão interessante em torno do personagem Jonas. Esse nome significa "Pomba", símbolo de Israel, muito usado no Antigo Testamento. Podemos até afirmar que Jonas é figura representativa, pois, no tempo da reforma de Esdras e Neemias, muita gente pensava como ele.

• *Um livro inovador.* Por muito tempo, o povo de Deus acreditou que Javé fosse o Deus de Israel somente. Dito em palavras simples: cada povo tinha o seu Deus, e Javé seria um Deus entre tantos deuses. Com o passar do tempo, Israel chegou à conclusão de que existe um só Deus, Javé, e os deuses das outras nações não passam de ídolos mortos. Todavia, esses povos não estão à mercê do destino, pois Javé, sendo o único Deus, o é também para todos os povos.

Assim como é misericórdia e compaixão para com Israel, Javé é compaixão e misericórdia para com todos. Sua aliança vai se abrindo até abraçar toda a humanidade e toda a criação, como nos tempos de Noé (veja Gênesis 9,1-17).

É nesse sentido que o livro de Jonas é texto inovador, e é isso que Jonas, na sua visão mesquinha e redutora de Deus, não quer aceitar. No fundo, essa "Pomba ingênua" gostaria que Javé continuasse sendo monopólio de Israel, ao qual deveria favorecer, alegrando-o com a destruição do pior inimigo, a cidade de Nínive.

Um Deus ecológico

Sem muitas pretensões, o livro de Jonas nos mostra um detalhe muito apreciado na atualidade: o detalhe de um Deus ecológico. De fato, ele parece brincar com a baleia, comove-se porque também ovelhas e bois fazem jejum e penitência, faz crescer sobre Jonas uma mamoneira no espaço de poucas horas e inclui, entre as razões que o levaram a se compadecer de Nínive, a presença de "muitos animais" na cidade. Compare com Gênesis 9,1-17 e Salmos 50,10-13; 103.

- *Um livro irônico*. Encontramos nesse livro vários detalhes irônicos, típicos do humor judaico. No capítulo primeiro: a fuga de Jonas, representante do povo de Deus, contrasta com a atitude dos marinheiros. Jonas reluta em aceitar a vontade divina, ao passo que os marinheiros pagãos aderem a Javé sem resistências. Essa "Pomba rebelde" é carga pesada! No capítulo terceiro, temos o mesmo fenômeno. Aí se diz que eram necessários três dias para percorrer a cidade de Nínive, mas bastou que Jonas a percorresse por um dia para que ela aderisse inteiramente à penitência. As más notícias se espalham depressa e são mais velozes que Jonas. Em surdina soa a seguinte constatação: Israel, com tantos profetas, é infinitamente mais lento em converter-se do que a cidade de Nínive. Os reis de Israel deveriam imitar o rei de Nínive, mas agem justamente ao contrário. Em vez de serem os incentivadores da religião de Javé, mostram-se os primeiros e maiores idólatras. Em Nínive, até os animais fazem jejum e penitência; em Israel...

No capítulo quarto, a ironia desvela a mesquinhez de Jonas, representante de Israel: está aborrecido e quer morrer porque a mamoneira secou de repente; não tem compaixão da cidade com seus 120.000 habitantes e muitos animais.

Mas a ironia maior encontra-se em 2,21: nem a baleia consegue digerir um homem tão mesquinho como Jonas. Ela teve uma congestão de três dias, e só se sentiu melhor depois de vomitá-lo. Finalmente, um aviso: esse tipo de gente mesquinha não morre facilmente, mesmo depois de ser engolida por uma baleia!

- *Um livro muito próximo do Novo Testamento.* O livro de Jonas é citado por Mateus 12,40-41 e Lucas 11,29-32. Mais interessante, porém, é perceber como sua mensagem está muito próxima dos ensinamentos de Jesus. Por exemplo, Mateus 5,44: "Eu, porém, digo a vocês: amem os seus inimigos e rezem por aqueles que perseguem vocês"; 8,10: "Eu lhes garanto que, em Israel, não encontrei ninguém que tivesse tal fé"; Lucas 6,36: "Sejam misericordiosos como o pai de vocês é misericordioso"; 17,18: "Não houve quem voltasse para dar glória a Deus senão este estrangeiro"; veja também Romanos 12,20: "Se o seu inimigo tiver fome, dê-lhe de comer, se tiver sede, dê-lhe de beber"; Gálatas 3,28: "Não há mais diferença entre judeu e grego, escravo e homem livre, entre homem e mulher".

II. OLHANDO DE PERTO O LIVRO

O livro de Jonas tem quatro breves capítulos, três em prosa (1; 3-4) e um em poesia (2). O poema (2,3-10) poderia ser pulado, sem prejuízo da narração. Cada capítulo é um cenário diferente. No primeiro, a atenção se concentra em Jonas no navio. No segundo, ele reza dentro da baleia. O terceiro o mostra em Nínive e a reação da cidade. No último, ele está à vista da cidade, esperando sua destruição, que não acontece.

1. Capítulo 1: Uma viagem desafiadora

A primeira cena põe frente a frente Deus e Jonas. A ordem é muito clara: ele deve ir a Nínive, a grande cidade, e proclamar que Deus está a par da maldade dessa metrópole. Convém logo observar que Nínive foi, como vimos, a pedra no sapato do antigo Reino do Norte. Ela se tornou, dessa forma, o tipo da cidade inimiga e opressora por excelência. E Jonas tem de *levantar-se*, ir a Nínive e *gritar*.

Em vez de ir a Nínive, Jonas se levanta, desce a Jope, desce ao navio e desce ao porão, dormindo sono solto. Essas sucessivas descidas são o caminho para a inconsciência, que nem a tempestade nem o tumulto dos marinheiros conseguem despertar.

Do que Jonas quer tornar-se inconsciente? A resposta vem do capítulo quatro, quando ele diz a Deus: "Sei que és um Deus compassivo e clemente, paciente e misericordioso" (4,2). Ele desconfia de antemão que, se Nínive se arrepender e se converter, Deus lhe perdoará. Esse detalhe é extremamente importante, pois abre uma porta nova, a porta da aliança de Deus com toda a humanidade, e não apenas com o povo de Israel. E isso Jonas não admite. Por isso foge e desce à parte mais funda do navio, dormindo na inconsciência daquilo que não admite. Nesse sentido, ele pode ser chamado de espelho do povo no pós-exílio, quando o Judaísmo se fecha sempre mais, querendo monopolizar o próprio Deus.

"Paciente e misericordioso"

Essa expressão (na língua hebraica se diz *hannun verahum*) é uma das mais importantes qualificações de Deus. Ela aparece em situações bem definidas. Veja, por exemplo, Êxodo 22,25-26: "Se você tomar como penhora a capa do seu próximo, deverá devolvê-la antes de anoitecer, porque ele não tem outra coberta para dormir. Se clamar a mim, eu o atenderei, pois sou compassivo (*hannun*)". Aqui, a "compaixão" de Deus se torna "escuta do

> clamor". Veja também Êxodo 34,6: "Javé, Javé, o Deus compassivo e clemente (*rahum vehannun*), misericordioso e fiel...". O contexto é o da aliança, e Deus se compromete com essas qualidades. Veja por sua conta Salmos 86,15; 103,8; 11,4; Joel 2,13.

Ironicamente, o chefe do navio acorda o dorminhoco Jonas, tirando-o do estado de inconsciência e dizendo-lhe: "*Levante-se* e *grite* ao seu Deus" (1,6). Voltando à consciência, confessa sua culpa e, sem querer, torna-se anunciador de Deus aos marinheiros: "Eu sou hebreu e adoro a Javé, Deus do céu, que fez o mar e a terra firme" (1,9).

Esse anúncio provoca a imediata conversão dos marinheiros, mas Jonas prefere a morte à obediência da vontade de Javé. Arremessado ao mar, a tempestade cessa, e Jonas desce ao abismo no ventre de um animal de sangue frio.

2. Capítulo 2: Tomada de consciência

O ponto mais fundo da descida de Jonas é o ventre da baleia. Chegado ao fundo do poço, então é que acontece a tomada de consciência em forma de oração. Sua prece (2,3-10) é uma colcha de retalhos de outros salmos. Mas o aspecto mais interessante é que Jonas, finalmente, tem consciência de ter chegado ao seu limite. E, das profundezas, deseja subir para contemplar novamente o santo Templo de Deus. Dessa forma, ele engrossa a longa procissão dos não judeus que desejam peregrinar a Jerusalém para o encontro com Deus no seu Templo (veja, acima, Zacarias 8,23; confira também Isaías 2,2-3; 60,1-6).

> **Confira você mesmo**
> Como foi dito, a oração de Jonas é um mosaico de citações de outros salmos. Você pode conferir na sua Bíblia. Jonas 2,3: Salmos 120,1; 31,23 e 116,1. Jonas 2,4: Salmos 69,3.16; 42,8. Jonas 2,5: Salmos 31,23; 5,8; 138,2. Jonas 2,6-7: Salmos 69,2-3; l8,6; 116,3. Jonas 2,8: Salmos 143,4; 88,3. Jonas 2,10: Salmos 116,17-18; 3,9.

3. Capítulo 3: Um Deus diferente

Finalmente, Jonas está em sintonia com Javé, obedecendo-lhe. Ele *se levanta*, vai a Nínive e *grita*. Seu drama, todavia, não está resolvido. O último capítulo o demonstrará, pois ele bem desejaria que suas palavras se realizassem: "Dentro de quarenta dias Nínive será arrasada" (3,4). Diante desse anúncio, também o rei de Nínive repete o itinerário de Jonas: ele *se levanta*, desce do trono, desce ao chão, senta-se no pó e manda *proclamar* um decreto. Mas sua descida é marcada por outra disposição, bem diferente da de Jonas.

O decreto abrange toda a cidade, inclusive ovelhas e bois, na esperança de que Javé volte atrás e não destrua a cidade. Notemos o detalhe: Jonas fala diretamente com Javé, e este com aquele. Os habitantes de Nínive escutam o que Javé diz mediante as palavras de Jonas. Isso comprova que os ninivitas são mais solícitos em obedecer a Deus do que o próprio Israel, que quase sempre desprezou aqueles que Deus enviava como profetas, por exemplo Jeremias e Amós (veja Daniel 9,6).

> **Sinais de penitência**
>
> O pano de saco como roupa e o sentar-se no pó ou nas cinzas são dois dos muitos sinais de penitência presentes na Bíblia. Têm como finalidade comover o coração de Deus, fazendo-o desistir dos castigos e ameaças. Dá pena ver o ser humano, criado à imagem e semelhança de Deus, vestido de farrapos e sentado no pó. Mas essas expressões externas de nada servem se a pessoa não muda por dentro. Veja, nesse sentido, o capítulo 58 de Isaías.

4. Capítulo 4: Jonas, deixe de ser mesquinho!

O último capítulo revela uma coisa surpreendente: Jonas se retira da cidade na expectativa de vê-la desaparecer, fulminada pela ira de Deus. Mas Javé, que é compassivo e misericordioso, perdoa-lhe. Ele se revela compassivo e misericordioso para com Jonas, fazendo crescer rapidamente uma mamoneira para abrigá-lo à sua sombra.

Jonas, todavia, mostra-se terrivelmente mesquinho, sinal de que ele e o povo que representa necessitam converter-se para experimentar a compaixão e a misericórdia divinas. Ele está de tal modo aborrecido com o perdão da cidade, que deseja a morte, não se importando com a morte de toda a população da grande cidade inimiga.

O arrependimento de Nínive e o consequente perdão de Deus fazem dos ninivitas irmãos dos judeus, parte da mesma aliança. E isso Jonas não admite. Para ele, Deus vai longe demais. Javé, porém, acredita que a mesquinharia de Jonas tem remédio. Será? Quando deixará de trocar o nobre pelo mesquinho? Quando deixará de lamentar a mamoneira que secou de repente para voltar-se a uma inteira população prestes a desaparecer?

O livro termina e nos deixa perplexos: será que Jonas muda de ideia e de comportamento?

6
O livro de Tobias

I. ANTES DE ABRIR O LIVRO

1. Um livro deuterocanônico

Junto com Sabedoria, Eclesiástico, Baruc, Judite e os dois livros dos Macabeus, o livro de Tobias pertence a um grupo de livros que chegaram até nós escritos em grego, por isso, chamados deuterocanônicos. As Bíblias protestantes os excluem por considerá-los não inspirados. O motivo de tal exclusão é este: consideram-se inspirados somente aqueles livros do Antigo Testamento que chegaram a nós escritos em hebraico (e aramaico). Os protestantes chamam a esse conjunto de "apócrifos", isto é, não inspirados e, portanto, não os veem como Palavra de Deus.

As Bíblias católicas os incluem, chamando-os "deuterocanônicos", pelo fato de terem sido aprovados mais tarde que os demais livros do Antigo Testamento.

> **Para memorizar**
>
> É fácil memorizar os livros que só se encontram nas Bíblias católicas. Basta criar uma expressão com as letras iniciais de cada um deles. Por exemplo: **BEM J**ei**T**o**S**a (Baruc, Eclesiástico, 1 e 2 Macabeus, Judite, Tobias, Sabedoria). Ou a expressão **SET**e **J**a**MB**as, que contém esses mesmos livros na ordem em que, normalmente, aparecem nas Bíblias católicas.

O livro de Tobias deve ter sido escrito em aramaico, pois são Jerônimo, que traduziu a Bíblia para o latim, e cuja tradução ficou conhecida como Vulgata, afirma ter traduzido esse livro de um original aramaico, hoje perdido.

Na metade do século passado foram descobertos os manuscritos de Qumrã, nas imediações do mar Morto. Entre os muitos achados, encontram-se três cópias incompletas do livro de Tobias, escritas em aramaico.

O Concílio de Trento, no dia 8 de abril de 1546, definiu para os católicos a canonicidade desses sete livros: eles são inspirados e, portanto, Palavra de Deus.

2. Época em que foi escrito

O livro de Tobias chegou até nós em grego. Esse fato já é uma pista importante no esforço de encontrar a data em que foi escrito. A dominação grega na Palestina começou com o surgimento de Alexandre Magno, criador do Império Grego no ano 333 antes de Jesus nascer. A partir dessa dominação, o grego foi se tornando a língua comum.

O livro de Tobias, porém, narra fatos que se referem ao século VIII antes de Cristo, fazendo referência ao Reino do Norte (também chamado de Israel, Efraim ou José), sob a dominação assíria. Os assírios destruíram o Reino do Norte em 722 antes de Cristo, data em que Samaria, a capital, foi arrasada para sempre.

Apesar de narrar fatos situados no século VIII, o livro de Tobias deve ter surgido por volta do ano 200, pois seria impossível uma data mais antiga.

Nomes simbólicos

Um interessante começo de estudo desse livro é a análise do significado dos nomes que aparecem. A história narrada no livro é, basicamente, a história de duas famílias que acabam estreitando os laços de parentesco mediante o casamento de Tobias com Sara. A primeira família é composta pelo pai Tobit (nome que, provavelmente, significa "Deus tem bondade"), pela esposa Ana (provavelmente, "Cheia de graça") e pelo filho Tobias (= "Javé é bom"). A outra família compõe-se de Raguel (provavelmente, "Companheiro de Deus"), esposo de Edna (provavelmente "Rejuvenescer") e pela filha Sara (= Princesa). Gabael, o parente distante de Tobit e que está de posse do dinheiro, tem um nome que é uma confissão de fé em terra estrangeira: "Deus é elevado". "Rafael", nome do anjo, que faz a ligação entre as duas famílias marcadas pelo sofrimento, significa "Deus cura". Ele se apresenta com o nome de Azarias, cujo significado é "Deus socorre". Detalhe interessante: Azarias (Rafael) se declara parente de Tobit.

Você pode brincar com o significado desses nomes. Por exemplo: Deus cura (Rafael) a cegueira de Tobit, porque Deus tem bondade; Deus socorre (Azarias) liberta a Princesa (Sara) para que se case com Tobias, porque Deus é bom...

Ou, se quiser, forme os pares:

"Javé é bom" (Tobias)   –   Edna ("Rejuvenescer")
"Deus tem bondade" (Tobit)   –   Sara ("Princesa")
"Companheiro de Deus" (Raguel)   –   Ana ("Cheia de graça")

3. Por que foi escrito?

Para entender o objetivo com o qual foi escrito esse livro, suponha a seguinte situação: você e sua família, cristãos fiéis a seus compromissos religiosos, de repente são levados a força para um país distante, que desconhece e até hostiliza a religião praticada por sua família. Vocês se encontram sozinhos nessa terra hostil, sem nenhum acesso à prática da fé: não há igrejas, nem sacerdotes, nem sacramentos, nada que possa favorecer o exercício da fé.

Perguntamos então: como manter a fidelidade religiosa e as próprias convicções de fé em semelhante situação? O que você faria para não perder sua identidade cristã? De que modo você continuaria praticando sua religião?

É mais ou menos a situação vivida por Tobit, sua esposa Ana e seu filho Tobias. São judeus fervorosos que procuram manter viva a chama da fé numa terra que não favorece a prática da mesma fé. Em outras palavras, o livro de Tobias surgiu para ajudar os judeus residentes no estrangeiro a manterem a própria identidade religiosa, conservando-se fiéis à religião dos seus antepassados.

Tobias é, pois, um texto para judeus que vivem no estrangeiro – fenômeno muito comum a partir do fim do exílio na Babilônia. É uma tentativa de suscitar criatividade na expressão da própria fé, ou seja, é uma releitura da religião dos judeus fora do território sagrado. Os nomes dos principais personagens dessa história proclamam que Deus é bom e fiel. E seus parceiros e aliados conseguirão ser também fiéis ao seu Deus?

O livro, portanto, apresenta alguns temas importantes, que são uma espécie de novo Decálogo a ser vivido em terra estrangeira. Lendo o começo da história de Tobit e sua família, você notará como eles procuram viver criativamente a própria religião. Destacam-se as seguintes características: a solidariedade, traduzida na partilha do pão e na esmola às pessoas necessitadas; o respeito, o cuidado e o carinho para com os pais, fontes da vida (o livro de Tobias pode ser considerado um longo comentário do 4º mandamento: honre seu pai e sua mãe); o respeito pelos mortos (ato de misericórdia praticado por Tobit, mesmo com o risco da própria vida); e, finalmente, o tema da integridade do matrimônio que, indiretamente, toca alguns dos Dez Mandamentos.

4. Textos diferentes

O livro de Tobias nasceu em aramaico, mas chegou a nós em grego, e em grego se difundiu, mediante várias cópias. Em nossos dias, há pelo menos duas traduções gregas importantes que servem de base para as traduções às línguas modernas. Frequentemente, essas traduções gregas não vão de acordo. Por isso, a tradução que se encontra na sua Bíblia pode não ser exatamente igual à tradução usada por outras pessoas. Às vezes, as próprias citações de versículos não combinam. É preciso ter paciência.

> **Um cão na história**
> Tobias é um livro muito simpático, capaz de valorizar as pequenas coisas e, ao mesmo tempo, as coisas boas que existem em outras culturas. Prova disso é, por exemplo, a presença de um cão. Na cultura dos judeus, esse animal é sumamente impuro. Mas, no livro de Tobias, torna-se personagem simpática e, de certa forma, parte da família. De fato, quando Tobias e Azarias partem para longa viagem, a fim de recuperar o dinheiro do pai Tobit, o cão parte com eles (6,1). Na volta, segundo uma versão siríaca, a primeira coisa que Ana vê, ao longe, é o cão que caminha à frente de Tobias e Azarias, o anjo Rafael (11,4).

5. Um romance familiar

Tobias não é um livro histórico. Junto com Rute, Judite, Ester e Jonas, pode ser considerado novela ou conto. Isso não diminui de forma alguma sua importância e seu valor enquanto Palavra de Deus, pois ele educa não somente mediante acontecimentos reais, mas também por meio do gênio literário de seus amigos.

Não sendo um livro histórico, é preciso não dar muita importância às informações históricas ou geográficas fornecidas, pois isso não era a finalidade principal do autor.

O livro é, pois, um romance familiar, muito útil e instrutivo para as famílias de hoje. Jesus nos ensinou que Deus é família, e ele próprio quis experimentar a alegria e os desafios de viver em família. E é a partir dela que se chega à conclusão de que "Deus é bom" (Tobias), como o próprio título do livro garante.

II. OLHANDO DE PERTO O LIVRO

O livro tem 14 capítulos, que podem ser divididos em 13 cenários.

1. Tobit exilado (capítulo 1).
2. O sofrimento do justo (2,1-3,6).
3. O sofrimento de Sara (3,7-17).
4. Tobias (capítulo 4).
5. O companheiro Azarias (anjo Rafael; 5,1-6,1).
6. O peixe (6,2-20).
7. Raguel: o casamento (capítulo 7).
8. A libertação de Sara (capítulo 8).
9. A festa de casamento (capítulos 9 e 10).
10. A libertação de Tobit (capítulo 11).
11. A revelação de Azarias (capítulo 12).
12. Oração de Tobit (13,1-14,1a).
13. Conclusão (14,1b-15).

1. Tobit e sua família no exílio (capítulo 1)

Tobit se apresenta. Ele é aquilo que se poderia classificar de israelita irrepreensível, pois sempre andou no caminho da verdade. Ele é do Reino do Norte, surgido com a morte do rei Salomão (ano 931). Jeroboão I criou dois santuários no Reino do Norte, um em Dã e outro em Betel, para evitar a saída de divisas mediante as peregrinações ao Templo de Jerusalém, no Sul. Mudou inclusive o calendário religioso com o mesmo objetivo. Os profetas, sobretudo Amós e Oseias, não pouparam denúncias contra essa idolatria.

Apesar disso, Tobit age como israelita fiel. Era quase sempre o único a transgredir as ordens de Jeroboão, indo em peregrinação ao Templo de Jerusalém com os primeiros frutos (primícias) e as primeiras crias de seus animais, pagando religiosamente todos os dízimos. Destes, ele cita três espécies, sendo o terceiro destinado aos pobres por excelência: órfãos, viúvas e estrangeiros.

Casou-se com Ana, mulher do mesmo clã, e tiveram um filho, Tobias.

Os assírios tomaram o Reino do Norte e deportaram muita gente para Nínive, a capital desse império; a família de Tobit estava entre os exilados. No desterro, acabou sendo bem-sucedido, chegando a ser o procurador do rei Salmanasar. Seu trabalho o levou a viajar à Média onde, certa vez, depositou quase meia tonelada de prata na casa de Gabael, na cidade de Rages.

Tobit narra as ações de misericórdia que realizou quando era procurador do rei, verdadeiros atos de piedade: esmolas, alimentos e roupas aos irmãos pobres. Além disso, enterrava os cadáveres dos israelitas assassinados pelo novo rei, Senaquerib, filho de Salmanasar.

Denunciado por um cidadão de Nínive, Tobit foi do céu ao inferno. Perdeu tudo: emprego, bens, liberdade... e teve de fugir para se salvar. Restaram-lhe a esposa e o filho.

Algum tempo depois, Senaquerib foi assassinado pelos filhos, e Asaradon ocupou o trono. Um parente de Tobit, chamado Aicar, tornou-se chefe da administração do novo rei, e, por sua ação, Tobit pôde retornar a Nínive e reaver o que havia perdido.

2. O sofrimento do justo (2,1-3,6)

Recuperados os bens, Tobit retomou a vida e a prática da piedade religiosa, ajudando as pessoas como forma de agradar a Deus e traduzir no cotidiano a sua fé. Ele não se esqueceu do calendário religioso de Jerusalém e celebrou de modo novo a festa de Pentecostes. Era uma das três mais importantes festas dos judeus. Na sua origem, era festa agrícola, ligada à colheita do trigo. Nessa ocasião, Tobit viajava a Jerusalém com os dízimos desse produto (1,7), destinado aos sacerdotes e ao pessoal do Templo.

Exilado em Nínive, ele celebrou a festa partilhando o almoço com um judeu pobre. Para tanto, encarregou o filho Tobias de sair à rua à procura de alguém que passasse fome. O filho, porém, deparou com uma cena mais chocante: o cadáver de um compatriota atirado na praça. E correu para informar o pai. Cheio de tristeza e sem nada comer, Tobit saiu ao encontro do morto, escondeu-o em casa e o sepultou ao escurecer.

Seu ato foi presenciado e reprovado pelos vizinhos, que caçoaram dele; ele começou a temer. Nessa mesma noite, por causa do calor, após o banho, deitou-se junto ao muro do pátio, sem saber que em cima do muro dormiam pardais. Caiu cocô quente nos olhos dele, que acabou perdendo a visão. A cegueira durou quatro anos. No começo, Aicar o ajudou, mas após dois anos ele partiu para longe.

Ana teve de se desdobrar. Começou a trabalhar para fora, fiando e tecendo. Por trabalhar bem, acabou recebendo de presente um cabrito. Ouvindo os berros, Tobit desconfiou que fosse coisa roubada e obrigou Ana a devolver o animal. Ela ficou furiosa e, como a esposa de Jó, bateu boca com o marido, dizendo que a cegueira dele era a "paga" que ele recebia por ter feito o bem às pessoas.

Numa oração comovente, Tobit inocentou a Deus e não viu outra saída senão pedir a morte: "é melhor morrer do que passar a vida aguentando uma doença que não tem cura, e não quero mais ouvir calúnias contra mim" (3,6).

3. O sofrimento de Sara (3,7-17)

O cenário agora é outro, mas muito parecido com o anterior; os dois episódios acontecem simultaneamente. Tobit não é mais o narrador dos acontecimentos. Estamos em Ecbátana, na Média, na casa de Raguel. O centro das atenções é a sua filha Sara. O drama por ela vivido era grave: sete casamentos sem serem consumados, pois, apenas realizada a festa, o demônio Asmodeu matava o esposo.

Sara teve um desentendimento com uma empregada, e esta não teve nenhum respeito nem pela dor nem pelo nome da filha do seu patrão: acusou-a de ser a assassina dos sete maridos. E desejou-lhe a morte sem ter realizado o sonho de ser mãe. A autoestima de Sara desceu a níveis perigosos, chegando a pensar em tirar a própria vida, enforcando-se. Mas, pensando bem, se assim fizesse, estaria dando razão a quem a difamava e só causaria mais sofrimento aos pais, que ficariam privados da filha única.

Resolveu, então, entregar sua causa a Deus, rezando. Diante de Deus, confessou sua inocência e pureza, deixando a ele a decisão: "Se não te agrada dar-me a morte, trata-me com compaixão, de modo que eu não volte a ouvir injúrias" (3,15).

Asmodeu
O livro de Tobias afirma que Asmodeu é o pior dos demônios. Na verdade, trata-se de Aeshma, um dos sete espíritos maus da cultura persa. Seu nome significa "Aquele que faz morrer". É o demônio inimigo da união conjugal.

4. Tobias: tal pai, tal filho (capítulo 4)

O cenário é de novo a casa de Tobit, em Nínive, e presenciamos o encontro de pai e filho. O pai viu aproximar-se a morte e decidiu revelar a Tobias a soma de dinheiro guardada com Gabael, em Rages, na Média, uma espécie de testamento ou herança que o pai deixara a seu filho. Todavia, mais que o dinheiro, Tobit deu conselhos ao filho, para que fosse espelho das boas ações praticadas por ele.

O capítulo quatro começa e termina falando do dinheiro, tema que fará a história caminhar. Porém, a parte mais consistente é o testamento deixado ao filho. Em primeiro lugar, Tobias foi aconselhado a dar uma digna sepultura ao pai. Em seguida, tornando-se o arrimo da mãe, foi dever seu honrá-la, não abandoná-la e agradar-lhe, sem causar-lhe tristeza; uma espécie de pagamento pela gravidez de alto risco que ela enfrentou.

O filho foi instado a caminhar na justiça, como o pai. Atenção especial é dada à solidariedade com os pobres, traduzida na palavra *esmola*: "Se você possui muitos bens, doe bastante; se tem pouco, doe menos, mas não tenha medo de dar esmola, porque assim se acumula um bom tesouro para o dia da necessidade. Pois a esmola livra da morte e impede que você caia nas trevas. A esmola é um dom precioso para quem a pratica na presença do Altíssimo" (4,8-11).

Como agiu Tobit, também o filho foi aconselhado a casar-se com uma mulher dentro da própria estirpe, evitando o casamento com mulher estrangeira, considerado como impureza. No campo social, Tobit recomendou que o filho não retivesse até o dia seguinte o salário do trabalhador, mas que pagasse pontualmente no fim de cada dia (veja Levítico 19,13 e Deuteronômio 24,15). Aconselhou-o a ser sóbrio, evitando a embriaguez; a dar pão a quem tem fome, a vestir quem está nu. Em poucas palavras, Tobit queria que o filho fosse semelhante ao pai, temendo a Deus e praticando a religião numa dimensão horizontal, ou seja, ajudando os necessitados, pois, como se diz, "quem dá aos pobres empresta a Deus".

5. O companheiro Azarias (anjo Rafael, 5,1-6,1)

Tobias acatou os conselhos do pai e se dispôs a resgatar o dinheiro depositado em Rages. Mas a viagem era longa, o filho desconhecia o caminho e não tinha certeza de que, lá chegando, Gabael lhe entregaria a soma. O pai, então, revelou estar de posse de um documento que comprovaria a autenticidade do resgate.

Tobias necessitava de um companheiro de viagem. Indo à procura de um guia, encontrou-se com o anjo Rafael, que se fez passar por parente chamado Azarias. Conhecedor do caminho, Azarias aceitou a soma que lhe foi proposta pelo seu trabalho, e os dois se prepararam para a longa viagem.

Diante da iminente partida, Ana reagiu como reagiriam muitas mães ao ver o filho único partir para a grande aventura. Ela disse ao marido: "Por que você mandou meu filho partir?... O dinheiro é mais importante que o nosso filho? O teor de vida que Deus nos deu não é suficiente?" Tobit não cedeu, não só por causa do dinheiro, mas por crer que, a certo momento, todo filho necessita caminhar com as próprias pernas, construindo a própria vida. A partida de Tobias foi muito útil para todos, como a história o demonstrará a seguir.

6. O peixe (6,2-20)

Acompanhados pelo cão, Tobias e Azarias partiram para a Média. Acampando às margens do rio Tigre, Tobias entrou na água para lavar os pés, e um enorme peixe o atacou. Azarias ordenou-lhe agarrá-lo, tirar-lhe o fel, o coração e o fígado, por serem remédios úteis. Sem guardar segredos, Azarias foi logo revelando aquilo que aconteceria a seguir: "Se alguém queima o coração e o fígado do peixe diante de um homem ou de uma mulher atormentados por um demônio ou um espírito mau, a fumaça espanta todo o mal e o faz desaparecer para sempre. Ungindo com o fel os olhos de um homem que tem manchas brancas e soprando sobre as manchas, ele volta a enxergar" (6,8-9).

Chegando perto de Ecbátana, Rafael avisou Tobias de que iriam pernoitar na casa de Raguel, parente de Tobit e pai de Sara, sua filha única. E revelou-lhe também ser ele o parente mais próximo e, portanto, com direito de casar-se com Sara, realizando assim o desejo do pai Tobit. Rafael encarregou-se de encaminhar as coisas, de tal forma que Tobias, antes mesmo de chegar à metade da viagem, encontrasse a sua "Princesa". Tobias receitou ter a mesma sorte dos sete maridos de Sara, mas recebeu a garantia de que, ao invés de ser prejudicado, seria fonte de salvação para Sara, queimando o fígado e o coração do peixe sobre as brasas do perfumador.

Novelas bíblicas

Antes de prosseguir, faça um resumo daquilo que foi visto, associando:

1. Azarias	**1**	◯ Parte do peixe capaz de curar a cegueira
2. Rages	**2**	◯ Animal que partiu com Azarias e Tobias
3. Sara	**3**	◯ Mãe que não queria deixar Tobias partir
4. Raguel	**4**	◯ Animais que provocaram a cegueira de Tobit
5. Tigre	**5**	**①** Nome com o qual Rafael se apresentou
6. Cão	**6**	◯ Animal que Ana ganhou de brinde
7. Fígado e coração	**7**	◯ Nome do rio em que Tobias lavou os pés
8. Fel	**8**	◯ Homem que guardou o dinheiro de Tobit
9. Cabrito	**9**	◯ Pai de Sara e marido de Edna
10. Nínive	**10**	◯ Cidade em que morava Gabael
11. Ecbátana	**11**	◯ Remédios para expulsar Asmodeu
12. Gabael	**12**	◯ Cidade onde mora Tobit
13. Ana	**13**	◯ Filha de Raguel e Edna
14. Rafael	**14**	◯ Cidade de Raguel
15. Pardais	**15**	◯ Nome do anjo companheiro de Tobias

Respostas: 8, 6, 13, 15, 1, 9, 5, 12, 4, 2, 7, 10, 3, 11, 14.

7. Raguel: o casamento (capítulo 7)

Tobias estava fora de si, não tinha sossego por causa daquilo que ouvira do companheiro Azarias. Tinha pressa de chegar à casa de Raguel e conhecer Sara, apaixonado antes mesmo de vê-la.

A acolhida que os viajantes recebem é típica da hospitalidade oriental: muita festa, alegria e até lágrimas ao saberem que são parentes próximos, e que Tobias era a cara do pai. Sequer a já conhecida notícia da cegueira de Tobit foi motivo suficiente para impedir um bom churrasco e uma calorosa recepção.

Tobias estava sem fome, prometeu não comer até receber Sara como esposa e cutucou Rafael para que abrisse o jogo. Raguel não negou que Tobias fosse o parente mais próximo e, portanto, a pessoa indicada para casar com a filha. Mas não escondeu o drama vivido por essa família, ou seja, o que aconteceu nos sete casamentos anteriores. Confiou, porém, na proteção do céu.

E o casamento aconteceu ali mesmo, presidido pelo pai de família, que redigiu o contrato de casamento, selando o compromisso com estas palavras dirigidas a Tobias: "Receba-a, pois ela lhe é dada por esposa, conforme a lei e a prescrição do livro de Moisés. Tome-a e leve-a feliz para a casa de seu pai. E que o Deus do Céu guie vocês em paz pelo bom caminho" (7,12). E fizeram festa.

Expressivas são as palavras da mãe Edna à filha, depois de ter-lhe preparado o quarto para a lua de mel: "Tenha confiança, minha filha! Que o Senhor do Céu transforme sua tristeza em alegria! Tenha confiança, minha filha!" (7,16).

8. A libertação de Sara (capítulo 8)

Essa cena tem dois momentos contrastantes. Em primeiro lugar, damos uma espiada no quarto dos noivos. É uma lua de mel bem diferente do que se costuma imaginar e daquilo que aconteceu nos casamentos anteriores de Sara. Tobias se apressou em queimar nas brasas do perfumador o fígado e o coração do peixe. Asmodeu não suportou o cheiro e saiu voando até o Egito, onde foi acorrentado por Rafael. O novo casal se pôs a rezar juntos, recordando a criação de Adão e Eva, e terminaram pedindo que essa união durasse por muitos anos. E dormiram.

O outro momento é, ao mesmo tempo, dramático e cômico. É cômico para nós que pudemos espiar o que aconteceu no quarto dos noivos. É dramático para Raguel, que temia ter de enfrentar o oitavo enterro de genro. E às escondidas, de noite, já preparou a cova. Mas, quando a empregada foi espiar o que estava acontecendo no quarto dos noivos, eis a surpresa: estavam dormindo, e Tobias estava mais vivo do que nunca.

Raguel se derramou em louvores a Deus, mandou fechar a cova e começaram os preparativos para a festa: dois bois e quatro carneiros foram mortos e preparados.

9. A festa de casamento (capítulos 9 e 10)

E começou a festa. Tobias encarregou Azarias de ir a Rages recuperar o dinheiro, acompanhado de quatro ajudantes e dois camelos. Ao ver o documento, Gabael não demorou em devolver o dinheiro, aceitando o convite para ir à festa de casamento de Tobias. Chorou de alegria ao encontrá-lo: "Homem bom e honrado, filho de pai excelente, ilustre, justo e caridoso. O Senhor conceda a você as bênçãos do céu, e abençoe sua esposa e os pais dela. Bendito seja Deus, que me permitiu ver um retrato vivo do meu primo Tobit!" (9,6).

A festa de casamento durou duas semanas. Raguel queria mais, porém Tobias não via a hora de voltar a Nínive, pois os motivos eram fortes. O dote de Sara era exuberante: a metade dos bens que o pai possuía: servos e servas, bois e carneiros, jumentos e camelos, roupas, prata e utensílios. A despedida foi emocionante, acompanhada de um desejo que o tempo se encarregou de realizar. Raguel disse ao genro: "Filho, seja feliz, e boa viagem! Que o Senhor do Céu os guie pelo bom caminho, e que eu possa ver meus netinhos antes de morrer!"

(10,11). E disse à filha: "Vá para a casa do seu sogro, pois de agora em diante eles são os seus pais, como aqueles que deram vida para você. Filha, vá em paz. Quero ter notícias boas a seu respeito enquanto eu viver" (10,12).

Edna despediu-se do genro: "Filho e irmão querido: que o Senhor traga você de volta e que eu possa viver até ver os meus netinhos. Na presença do Senhor, confio-lhe a proteção de minha filha Sara. Não lhe cause tristeza todos os dias da vida. Filho, vá em paz. De hoje em diante sou sua mãe, e Sara é sua irmã. Quem me dera pudéssemos viver todos juntos e felizes por toda a vida!" (10,12).

10. A libertação de Tobit (capítulo 11)

O cenário se desloca novamente para Nínive, onde vemos Ana sentada a olhar o caminho por onde o filho voltaria, como se com o seu coração de mãe intuísse a iminente chegada de Tobias. De acordo com Rafael, os dois se adiantaram à caravana em que viajava a esposa. Ana foi a primeira a saudar o filho, com uma expressão bem típica: "Finalmente revejo você, meu filho. Agora posso morrer!" (11,9).

Tobias já sabia o que fazer com o fel do peixe. E o pai, recuperando a visão, exclamou: "Agora estou vendo você, filho, luz dos meus olhos!" (11,14) e agradeceu a Deus. Enquanto isso, Sara foi chegando. Tobit foi ao seu encontro e a recebeu com estas palavras: "Minha filha, seja bem-vinda! Que o seu Deus seja bendito, pois trouxe você a nós. Que o seu pai seja bendito, bendito seja meu filho Tobias e você, minha filha, seja bendita. Seja bem-vinda, a casa é sua. Entre, minha filha, na alegria e na bênção" (11,17).

11. A revelação de Azarias (capítulo 12)

E a festa de casamento continuou na casa de Tobit. Terminada a festa, chegou a hora de pagar a Azarias o trabalho realizado. Emocionado, Tobias estava disposto a dar ao companheiro a metade do que trouxe da casa do sogro. Todavia, em vez de aceitar recompensas, Azarias revelou sua identidade, que nós já conhecemos: "Eu sou Rafael, um dos sete anjos que estão sempre presentes e têm acesso junto à Glória do Senhor" (12,15). Tudo o que aconteceu de bom à família de Tobit foi fruto da bondade de Deus e da bondade e generosidade dessa família para com os pobres.

12. Oração de Tobit (13,1-14,1a)

O capítulo 13 contém a última oração de Tobit. É um hino de louvor a Deus, semelhante a outros hinos, por exemplo, Êxodo 15 e Judite 16. Na primeira parte, louva-se a Deus sua ação na vida das pessoas, ação misteriosa, nem sempre compreendida pelo ser humano. A segunda parte tem como tema central a cidade de Jerusalém, castigada por causa de seus crimes, como muitos profetas haviam previsto. Mas abre-se à esperança da reconstrução: "Minha alma, bendiga o Senhor, o grande Rei, porque Jerusalém será reconstruída, e sua Casa será reconstruída para sempre!" (13,15-16). O final desse poema aponta para a Nova Jerusalém de Apocalipse, capítulos 21 e 22.

13. Conclusão (14,1b-15)

O último cenário abraça Nínive e Ecbátana. Em Nínive, antes de morrer, Tobit aconselhou Tobias a tomar tudo que tinha e migrar para a Média, baseado na profecia de Naum, segundo a qual a capital do Império Assírio seria arrasada (os babilônios destruíram Nínive no ano 612 antes de Cristo).

Seguindo o conselho do pai, após a morte de Tobit e de Ana, Tobias foi morar com seu sogro Raguel em Ecbátana. Assistiu-os na velhice e herdou todos os seus bens. Antes de morrer, pôde ver a ruína de Nínive. Morreu com 117 anos.

> **Avaliação**
> Faça uma avaliação da história de Tobias. Se possível, anote os ensinamentos mais importantes para as famílias de hoje.

7
O livro de Judite

I. ANTES DE ABRIR O LIVRO

1. Um livro deuterocanônico

O livro de Judite deve ter sido escrito em hebraico (ou aramaico), mas o que chegou a nós foi uma tradução em grego. Junto com Sabedoria, Eclesiástico, Baruc, Tobias e os dois livros dos Macabeus, ele pertence a um grupo de livros chamado deuterocanônico. As Bíblias protestantes os excluem por considerá-los não inspirados, pois consideram inspirados somente aqueles livros do Antigo Testamento que chegaram a nós escritos em hebraico (e aramaico). Os protestantes chamam a esse conjunto de "apócrifos", isto é, não inspirado e, portanto, não o veem como Palavra de Deus.

As Bíblias católicas o incluem, chamando-o "deuterocanônico", pelo fato de ter sido aprovado mais tarde que os demais livros do Antigo Testamento. O Concílio de Trento, no dia 8 de abril de 1546, definiu para os católicos a canonicidade desses sete livros: eles são inspirados e, portanto, Palavra de Deus.

> **É fácil memorizar**
> É fácil memorizar os livros que só se encontram nas Bíblias católicas. Basta criar uma expressão com as letras iniciais de cada um deles. Por exemplo: **BEM JeiToS**a (Baruc, Eclesiástico, 1 e 2 Macabeus, Judite, Tobias, Sabedoria). Ou a expressão **SET**e **JaMB**as, que contém esses mesmos livros na ordem em que, normalmente, aparecem nas Bíblias católicas.

2. Um livro de ficção

Judite não é um livro histórico. É uma espécie de conto, como os livros de Rute, Tobias, Ester e Jonas. O fato de não ser histórico não anula nem diminui sua importância enquanto Palavra de Deus. O importante é a mensagem, veiculada mediante uma narrativa fantástica.

Esse livro não se preocupa com informações históricas ou geográficas precisas. Aliás, comete até erros imperdoáveis se a preocupação do autor fosse a de fornecer dados históricos ou geográficos. Portanto, Judite não é fonte confiável para quem busca informações exatas do ponto de vista da história e da geografia. Por exemplo, a cidade de Betúlia, onde morava Judite, não existe no mapa da Palestina do Antigo Testamento. Mais ainda, é impossível refazer o caminho conquistador do general Holofernes até chegar ao cerco de Betúlia.

Esses e outros exemplos nos levam à constatação de que estamos diante de uma ficção.

3. Quando foi escrito?

A data não pode ser determinada com exatidão, mas existe um consenso entre os especialistas no assunto. O livro descreve acontecimentos antigos, da época de Nabucodonosor, rei babilônico, responsável pela destruição de Jerusalém no ano 586 e pela deportação dos judeus para a Babilônia. Este, porém, é um recurso permitido pela ficção. Na verdade, o livro de Judite deve ter sido escrito na metade do segundo século antes de Cristo, justamente na época da mais feroz dominação grega na Judeia. Falando de coisas antigas, na verdade o autor pretendia alertar para o que estava acontecendo nos seus dias.

4. Por que foi escrito?

O Império Grego iniciou-se com a rápida e vencedora campanha militar de Alexandre Magno. Em pouco tempo, praticamente todo o mundo, então conhecido, estava sob o seu poder. Sua morte repentina provocou a divisão do império entre os seus generais. A Palestina (e particularmente a Judeia com sua capital Jerusalém) no princípio esteve sob a dominação dos gregos no Egito, conhecidos como Ptolomeus. Sucessivamente disputada, a Palestina acabou passando para o domínio dos gregos Selêucidas, com sua sede concentrada nas regiões da Síria.

A dominação grega não consistiu apenas no poder das armas. O fenômeno é muito mais amplo e conhecido como *helenismo*. É a implantação da religião, dos costumes e da cultura dos gregos nos povos dominados. No princípio, sem muita ênfase. Porém, com o passar do tempo, sobretudo no reinado de Antíoco IV Epífanes, uns 170 anos antes de Cristo, a imposição do helenismo se deu a ferro e fogo. É a época da revolta dos Macabeus (veja, nesta coleção, "Os livros dos Macabeus"). O livro de Judite surge exatamente nesse período como texto animador da resistência contra a dominação selêucida. É nessa época que surge também o livro de Daniel (veja nesta coleção).

É muito clara, portanto, a finalidade do livro de Judite: mostrar que uma mulher sozinha, confiando apenas em Deus e com as armas da beleza e da sedução, é capaz de derrotar o pior dos inimigos.

5. Nomes simbólicos

A cidade de Betúlia nunca existiu. É um nome simbólico. Significa "Virgem" ou jovem comprometida em casamento. No Antigo Testamento, esse título foi, frequentemente, dado ao povo de Israel. Betúlia é, pois, símbolo de todo o povo de Deus, seu aliado, sua noiva, sua esposa, na linha daquilo que vários profetas afirmaram (por exemplo, Oseias, Isaías, Jeremias, Ezequiel...).

Também o nome da protagonista do livro pode ser tomado em sentido simbólico. Judite significa "Judia". Ela, então, é figura representativa de todo o povo judeu, que jamais se dobrou diante da dominação estrangeira, confiante no seu Deus. Escrito na época da revolução dos Macabeus, o livro desejava despertar os brios de todos os judeus, como se dissesse: "Se uma mulher sozinha fez tanto, o que não fará todo o povo unido?"

6. Uma mulher como protagonista e heroína

Judite é a figura central do livro que traz seu nome. É viúva e sem filhos; mas sua ação corajosa a torna mãe de todo o povo, heroína como as matriarcas e as mulheres batalhadoras que a precederam: "Você é a glória de Jerusalém! Você é o maior orgulho de Israel! Você é a grande honra de nossa raça! Realizando tudo isso com sua mão, você fez benefícios a Israel... Que o Senhor Todo-poderoso abençoe você eternamente!" (15,9-10).

7. Textos diferentes

Em português há várias traduções de Bíblia. Algumas, mais antigas, foram traduzidas do latim. As mais recentes e mais confiáveis traduziram o livro de Judite a partir do grego. Há muitas diferenças entre o texto latino e o grego, de modo que a tradução da sua Bíblia nem sempre poderá concordar com a de outras pessoas. É preciso ter paciência.

> Resuma a primeira parte deste estudo assinalando verdadeiro (V) ou falso (F).
>
> ( ) **1.** O livro de Judite se encontra também nas Bíblias protestantes.
> ( ) **2.** Judite pertence a um conjunto de livros chamado deuterocanônico.
> ( ) **3.** Judite deve ter sido escrito em hebraico (ou aramaico), mas chegou a nós escrito em grego.

( ) **4.** O livro de Judite é histórico.
( ) **5.** Podemos confiar nas informações históricas e geográficas de Judite.
( ) **6.** Betúlia não existe no mapa da Palestina do Antigo Testamento.
( ) **7.** Betúlia e Judite são nomes simbólicos.
( ) **8.** O livro de Judite foi escrito no tempo do exílio na Babilônia.
( ) **9.** O helenismo foi coisa boa para os judeus.
( ) **10.** O livro de Judite é igual em todas as Bíblias traduzidas para o português.

Respostas: 1. F; 2. V; 3. V; 4. F; 5. F; 6. V; 7. V; 8. F; 9. F; 10. F

II. OLHANDO DE PERTO O LIVRO

O livro tem 16 capítulos que podem ser agrupados em 5 grandes cenas, assim distribuídas:

1. A ambição imperialista (capítulos de 1 a 6).
2. Betúlia sitiada (capítulo 7).
3. Surgimento da heroína (capítulos 8 e 9).
4. Na tenda do inimigo (capítulos de 10 a 13).
5. A vitória e a festa (capítulos de 14 a 16).

1. A ambição imperialista (capítulos de 1 a 6)

A primeira cena tem dimensões internacionais. Situa-se no tempo de Nabucodonosor (605-562 antes de Cristo), erradamente chamado de rei dos assírios (ele foi rei dos babilônios e sua residência não estava em Nínive. O autor do livro talvez tenha errado de propósito, forçando o leitor a pensar que no fundo está se referindo a Antíoco IV Epífanes).

Nabucodonosor tem um projeto ambicioso: tornar-se o dono do mundo. Para isso tem de combater e vencer o maior rival, Arfaxad, rei da Média, conquistando a grande capital, Ecbátana. Para alcançar seu objetivo e tornar-se dono do Oriente, convoca os povos do Ocidente – também os da Palestina – para que se aliem a ele. Estes, porém, recusam-se, de modo que, sozinho, Nabucodonosor derrota e mata Arfaxad, tomando a capital.

A recusa do Ocidente à guerra contra o rei da Média irá custar caro, pois Nabucodonosor não desiste de sua ambição imperialista. Encarrega, então, seu general Holofernes de "arrasar todos os que não haviam atendido ao seu apelo" (2,3). Chefiando poderoso exército – cento e vinte mil soldados e doze mil arqueiros montados –, ele parte para dominar o Ocidente, exterminando-o e entregando-o a Nabucodonosor, o rei do mundo. Mais ainda: ele chegará a usurpar o lugar de Deus. "Holofernes recebeu autoridade para exterminar todos os deuses da terra, de modo que todos os povos adorassem só a Nabucodonosor, e que todas as línguas e todas as tribos o invocassem como deus" (3,8). Assim, todos os povos da terra perguntarão: "Quem é deus além de Nabucodonosor?" (6,2). A resposta deveria ser clara para todos: somente ele, isto é, Antíoco IV Epífanes, é Deus! (O apelido "Epífanes" significa justamente isto: "Manifestação de Deus").

E o Ocidente vai sendo conquistado, os povos se rendem, entregam tudo ao general Holofernes, a Judeia treme, jejua e suplica, mas Betúlia resiste.

No acampamento de Holofernes, reúne-se o Conselho de guerra. O general quer inteirar-se por que os israelitas não se rendem, pelo contrário, põem em ação suas táticas de resistência, fechando as passagens das montanhas. (O livro de Judite supõe que os israelitas vivam nas montanhas, e isso faz pensar que se está revivendo a época de Débora e Barac – veja, nesta coleção, "O livro dos Juízes").

Intervém certo Aquior, chefe militar dos amonitas (parentes distantes dos israelitas). Ele faz uma apresentação verdadeira dos israelitas, porém desagradável aos planos de Holofernes. Aquior resume a história de Israel desde sua formação até o presente, sublinhando esta verdade: ele é o povo aliado de Deus, esse Deus que detesta a injustiça e a infidelidade. Quando esse povo age de acordo com a aliança, é impossível derrotá-lo, pois Deus combate em sua defesa. Se, pelo contrário, Israel não é fiel à aliança, Deus o entrega nas mãos dos inimigos.

Holofernes fica furioso e, para castigar Aquior, entrega-o aos habitantes de Betúlia, a fim de morrer quando a cidade for conquistada. Os habitantes de Betúlia acolhem Aquior. Ozias, Cabris e Carmis, chefes da cidade, reúnem a população para que Aquior relate o que está acontecendo no acampamento de Holofernes.

Resuma esta primeira unidade, relacionando:

1. Betúlia ❶ — ◯ Chefes da cidade de Betúlia
2. Nabucodonosor ❷ — ◯ Parentes distantes dos israelitas
3. Arfaxad ❸ — ◯ Chefe amonita
4. Holofernes ❹ — ◯ Capital da Média
5. Aquior ❺ — ❶ Cidade israelita que resiste
6. Ozias, Cabris e Carmis ❻ — ◯ Cidade de Nabucodonosor
7. Ecbátana ❼ — ◯ Rei da Média
8. Nínive ❽ — ◯ General de Nabucodonosor
9. Média ❾ — ◯ Dominador do mundo
10. Amonitas ❿ — ◯ País de Arfaxad

Respostas: 6, 10, 5, 7, 1, 8, 3, 4, 2, 9.

2. Betúlia sitiada (capítulo 7)

Este cenário concentra-se na cidade de Betúlia, prestes a ser sitiada pelo numeroso exército de Holofernes. O general acata um sábio conselho que revela uma das antigas táticas de guerra: a ocupação das fontes que abastecem de água a cidade. O livro dá a entender que Betúlia não dispõe de fontes dentro de suas muralhas. A água provém ou da chuva ou da fonte que os soldados de Holofernes passam a ocupar, esperando que a cidade se entregue vítima da sede e da fome.

Esgotadas todas as reservas de água em Betúlia, o povo desfalece pelas ruas. A multidão não vê outra saída a não ser entregar-se aos inimigos. O povo se volta contra as lideranças, exigindo a rendição da cidade. É melhor viver como escravo do que morrer de sede.

Ozias ainda tem um resto de esperança. Pede ao povo que resista por mais cinco dias, aguardando um ato de misericórdia por parte de Deus, na certeza de que não abandonará seu povo para sempre.

3. Surgimento da heroína (capítulos 8 e 9)

Nesse cenário de quase desespero surge Judite. Ela é apresentada como legítima filha de Israel. Seu marido Manassés falecera, deixando-lhe muitos bens. Há três anos e quatro meses vivia como viúva por dentro e por fora: jejuava e vestia-se com as roupas da penitência e da viuvez. Ninguém podia dizer coisa alguma contra a sua conduta.

Ela ouve a lamentação do povo e a proposta descabida de Ozias. Convocando as lideranças da cidade, dá-lhes um verdadeiro puxão de orelhas, por não confiarem no Deus da aliança. Entre outras coisas, ela diz: "Não se põe Deus contra a parede, como se fosse um ser humano, nem se pode submetê-lo como se fosse uma pessoa qualquer. Por isso, esperando pacientemente a sua salvação, vamos invocá-lo em nosso socorro. Ele ouvirá o nosso clamor" (8,16-17).

Com essas e outras palavras tiradas da experiência do povo, Judite tenta manter acesa a esperança e a resistência dos israelitas, pois, se Betúlia capitular, toda a Judeia sofrerá as consequências, e Jerusalém com seu Templo será arrasada.

Ozias não compreende muita coisa e pede que Judite peça ao Senhor uma chuva abundante. Mas ela, confiante em Deus, tem um plano audacioso. Não o revela, simplesmente pede para que não lhe impeçam os movimentos: "Vou fazer uma coisa que permanecerá para sempre na memória da nossa raça... O Senhor visitará Israel pelas minhas mãos" (8,32-34).

E faz uma longa oração a Deus, pedindo-lhe força, coragem e astúcia: "Pela astúcia dos meus lábios, fere o escravo com o chefe e o chefe com o seu escravo. Quebra sua arrogância pela mão de uma mulher... Tu és o Deus dos humildes, o socorro dos oprimidos, o protetor dos fracos, o abrigo dos abandonados, o salvador dos desesperados... Dá-me uma linguagem sedutora... pois tu és o Senhor, Deus de todo poder e de toda força, e o povo de Israel não tem outro protetor senão a ti" (9,10-11.14).

4. Na tenda do inimigo (capítulos de 10 a 13)

Judite é mulher extremamente formosa. Toma banho, perfuma-se, veste as melhores roupas, calça sandálias, orna-se de colares, braceletes, anéis, brincos, todas as suas joias, arruma uma sacola de alimentos e parte com sua empregada rumo ao acampamento de Holofernes. Os soldados do general a interceptam, mas ela os convence: "Estou fugindo do meu povo que está para cair nas mãos de vocês como petiscos. Quero apresentar-me a Holofernes, a fim de dar-lhe informações seguras e mostrar a ele o caminho para tomar posse de toda a montanha, sem perder um só soldado" (10,12-13).

A beleza e o fascínio de Judite são tais, que ela vai acompanhada à tenda do general por um pelotão de cem soldados. E todos comentam a sua extraordinária beleza, dizendo:

"Quem desprezaria um povo que tem mulheres como esta? Não é bom que um só deles sobreviva, pois se alguém sobrevivesse poderia seduzir o mundo todo" (10,19).

Holofernes acolhe Judite com amabilidade e começam as trocas de gentilezas e de olhares... Judite garante que o general não sofrerá nenhuma baixa se seguir os conselhos dela. Acusa seus concidadãos de ofenderem a Deus com o pecado, violando assim a aliança. E Holofernes já compreende o resto, pois ouvira Aquior dizendo as mesmas coisas. Holofernes, que desejara submeter o mundo inteiro à adoração de Nabucodonosor, muda logo de opinião: "Se você fizer como prometeu, o seu Deus será o meu Deus e você se sentará no palácio de Nabucodonosor e será famosa no mundo inteiro" (11,23).

Holofernes manda acomodar Judite na sala onde guarda seus objetos de prata e ordena que a tratem com cortesia e lhe ofereçam as melhores iguarias. Ela, porém, desculpa-se, dizendo que se alimentará daquilo que trouxe, e recebe permissão para sair quando quisesse a fim de rezar.

No quarto dia, Holofernes dá um banquete para os oficiais e pede a Bagoas que convença Judite a participar do banquete, pois "seria uma vergonha nossa deixar esta mulher partir sem termos relações com ela. Se não a seduzirmos, seremos caçoados!" (12,12).

Judite aceita. Holofernes lhe oferece bebida alcoólica, mas ela bebe somente o que a sua empregada havia preparado. Holofernes fica totalmente embriagado, os oficiais se vão e Bagoas fecha a tenda por fora. O general está caído em sua cama, afogado no vinho. Judite se põe a rezar, agarra a espada e, com dois golpes, corta a cabeça do general. Entrega a cabeça de Holofernes à empregada, que a coloca na mochila. Como de costume, saem para a oração, dirigindo-se às portas de Betúlia. As portas se abrem, e ela mostra a todos o seu troféu: "Eis a cabeça de Holofernes... O Senhor o feriu pelas mãos de uma mulher..." (13,15).

Ozias diz a Judite: "Filha, seja bendita pelo Deus Altíssimo mais do que todas as mulheres da terra. Bendito seja o Senhor

Deus que conduziu você para cortar a cabeça do chefe dos nossos inimigos..." (13,18).

5. A vitória e a festa (capítulos de 14 a 16)

Judite é, a partir de agora, quem comanda a reação dos israelitas, que assaltam o acampamento do inimigo, desorientado com a perda repentina do seu general. O pânico toma conta dos inimigos. Assim como a rendição de Betúlia seria o começo da derrota total dos israelitas, a vitória de Judite provoca o início da resistência e da vitória dos israelitas por toda a região. Judite passa a ser reconhecida não somente como a heroína de Betúlia, mas de todo o Israel: "Você é a glória de Jerusalém, você é o orgulho máximo de Israel! Você é grande honra da nossa raça!" (15,9). E a festa começa.

O livro termina com um poema de Judite convidando todos a entoar um cântico a Deus.

Uma peregrinação a Jerusalém é preparada. Lá o povo é purificado, oferecem-se sacrifícios, e a festa perdura três meses. Terminados os dias de festa, Judite retorna a Betúlia, à sua vida de viúva, dando liberdade à sua empregada. Viveu cento e cinco anos e foi sepultada junto com seu marido Manassés. Antes de morrer, não tendo herdeiros, repartiu seus bens entre os parentes próximos do marido e de sua família.

> **Avaliação**
> Avalie seus conhecimentos deste estudo, possivelmente da seguinte maneira: tente contar com suas palavras a história de Judite para crianças da catequese ou do ensino fundamental. Estimule-as a fazer desenhos.

8
O livro de Ester

I. ANTES DE ABRIR O LIVRO

1. Um livro escrito em duas línguas

Nas Bíblias católicas, o livro de Ester tem uma forma curta, baseada no original hebraico, e uma forma longa, que contém também os acréscimos em grego. As Bíblias protestantes contêm apenas a forma breve, não considerando Palavra de Deus os acréscimos em grego.

Esses acréscimos em grego aparecem de formas diferentes nas Bíblias católicas:

1. Algumas oferecem toda a tradução hebraica (ao todo 10 capítulos), colocando no fim os acréscimos em grego distribuídos em 6 capítulos com seus versículos. Nesse caso, o livro de Ester tem 16 capítulos.

2. Outras Bíblias encaixam do melhor modo possível os acréscimos gregos dentro da sequência do texto hebraico, apresentando os acréscimos gregos em letras diferentes (grifo ou itálico). Além disso, para não alterar a numeração hebraica dos versículos, marcam os versículos gregos com letras. Por exemplo, a citação 3,13a-f significa que você deve ler o versículo 13 (da tradução do hebraico) mais os versículos 13a até 13f dos acréscimos em grego, que aparecem impressos em grifo. Nessas Bíblias, o livro de Ester tem 10 capítulos.

3. Finalmente, há Bíblias que partem do exemplo 1, ou seja, atribuem capítulos próprios aos acréscimos gregos, mas os encaixam, assim como estão, dentro do texto traduzido do hebraico. Nesse caso, há uma sequência estranha.

> **Faça um teste**
> Abra a sua Bíblia e procure no livro de Ester o "Sonho de Mardoqueu". Ele pode estar depois do capítulo 10, como capítulo 11, com versículos assinalados por números; pode estar no começo, como capítulo 1, com versículos marcados por letras (de 1a até 1q; e pode estar no começo como capítulo 11, com versículos assinalados por números. Normalmente, encontra-se em itálico.

Nas Bíblias que adotam o modelo 2, os acréscimos estão encaixados nesta ordem: Capítulo 1: Sonho de Mardoqueu (do versículo 1a até 1q) e sua explicação (capítulo 10, do versículo 3a ao versículo 3j); Capítulo 3, do versículo 13a até o versículo 13g e do capítulo 8, versículo 12a até 12u: dois decretos do rei Assuero; Capítulo 4: preces de Mardoqueu (do versículo 17a ao versículo 17i) e preces da rainha Ester (do versículo 17j ao versículo 17y); Capítulo 5: intervenção da rainha Ester junto ao rei Assuero (do versículo 1a ao versículo 1f, e de 2a a 2b). No capítulo 10, uma explicação sobre a tradução grega do livro de Ester (versículo 3k).

2. Um livro de ficção

Como no caso de Tobias e Judite, Ester não é um livro histórico. Trata-se de uma ficção ou, se quisermos, de um conto ou novela bíblica, sem interesse algum pelos fatos históricos. Evidentemente, isso não lhe tira nem diminui o valor de Palavra de Deus. O importante é conseguir captar a mensagem, pois Deus se revela também mediante o gênio literário de seus amigos e colaboradores.

Diante dessa informação, algumas pessoas se espantam, como se tudo o que está na Bíblia fosse verdade científica ou histórica. Pesquisando os anais e documentos da antiga Pérsia – ambiente em que se desenrola o livro de Ester –, não se encontra informação alguma acerca daquilo que é relatado nesse livro. Somente os fundamentalistas é que se preocupam em defender sua veracidade histórica e geográfica.

3. Um livro para suscitar resistência

A época do surgimento dessa obra é significativa para a compreensão de sua mensagem. De fato, Ester é contemporâneo de Judite e dos acontecimentos narrados nos dois livros dos Macabeus (cerca de 164 anos antes de Jesus nascer).

Nessa época, a Judeia é cruelmente dominada e massacrada pelos gregos selêucidas, que impõem à força os costumes, a cultura e a religião dos gregos, fenômeno que conhecemos como helenização (veja, nesta coleção, "O livro de Judite" e os feitos dos Macabeus).

Na Judeia, e sobretudo em Jerusalém, houve grupos adeptos do helenismo e simpatizantes com ele. O grande risco, porém, era perder a própria identidade e fisionomia. Politicamente dominados, economicamente sugados, os judeus arriscavam perder de vista a herança religiosa e cultural dos seus antepassados.

A revolução dos Macabeus aos poucos e a duras penas se impôs, devolvendo ao povo a liberdade e a independência. O livro de Ester situa-se nesse ambiente conflituoso, querendo dar sua colaboração na animação da resistência. Contando uma história do passado, cuja protagonista é uma mulher judia ameaçada de morte juntamente com o seu povo, o livro pretende devolver ânimo e coragem a quantos se sentiam sem esperança. Uma mulher sozinha, amparada apenas por sua confiança em Deus, consegue desmantelar o perigo mortal que pesava sobre toda a raça dos judeus. Num tempo de consternação e perplexidade, a salvação está justamente nos fracos que não se dobram.

4. Para justificar uma festa

O livro de Ester cria fatos que teriam acontecido três séculos antes, na Pérsia, sob o reinado de Xerxes I (486-465), chamado de Assuero no livro. Na verdade, um dos objetivos da obra é justificar o surgimento de uma festa judaica chamada Purim (palavra de origem persa que significa "sortes"). Purim deve ter sido na origem uma festa mesopotâmica da primavera. Os judeus da diáspora adotam essa festa "batizando-a", ou seja, dando-lhe um conteúdo novo e nova motivação, descritos na história de Ester: a mudança de sortes. Nós dizemos que "o feitiço virou contra o feiticeiro". De fato, o livro mostra a grande reviravolta: a morte de quem planejava a extinção dos judeus. Aqueles que eram marcados para morrer foram libertados.

> **Diáspora**
> Diáspora é uma palavra derivada de um verbo grego que significa "semear". Representa a "dispersão" dos judeus para fora da Palestina. Esse fenômeno tornou-se muito comum a partir do século VI antes de Cristo, com o exílio na Babilônia (586-538). Em pouco tempo, constatou-se que havia mais judeus fora da Palestina do que em seu território.
> O fenômeno da diáspora é complexo e vasto, mas trouxe grandes benefícios para o mundo da Bíblia, por exemplo, a tradução do Antigo Testamento para o grego, chamada de Setenta (Septuaginta ou LXX) e a conservação de alguns livros da Bíblia (por exemplo, o Eclesiástico).

Purim tem sido, ao longo dos tempos, a festa mais profana dos judeus, com muita comida, bebida, brindes a Ester e Mardoqueu, e maldições a Amã. É celebrada nos dias 14-15 de Adar (fevereiro-março), e, durante esses dias, participam da leitura pública do livro de Ester.

> **Nomes inculturados**
> A rainha Ester tinha um nome judaico, Hadassa, que significa "Murta". Ester é homenagem à deusa mesopotâmica Ishtar (Estrela – em Português Estela). Mardoqueu, tio de Ester, é um nome derivado do deus mesopotâmico Marduc.

5. Por que os acréscimos em grego?

Não sabemos quem introduziu os acréscimos em grego, mas é possível descobrir as motivações. Lendo simplesmente a forma breve, isto é, a tradução do hebraico, temos uma história bastante profana, praticamente sem a presença do elemento religioso. Esse dado deve ter causado apreensão em algumas pessoas, entre elas o autor dos acréscimos em grego. De fato, lendo somente os acréscimos em grego, detectamos a presença forte do fenômeno religioso. Se por um lado o texto hebraico desconhece a Deus, os acréscimos em grego salientam a sua presença misteriosa e forte, agindo no tecido dos acontecimentos históricos mediante as pessoas que nele confiam e a ele entregam a própria causa. Temos, assim, as preces confiantes da rainha Ester e do seu tio Mardoqueu. Mais ainda: Deus se revela misteriosamente mediante o sonho de Mardoqueu.

Em síntese, podemos afirmar que os acréscimos gregos "temperam" a forma breve hebraica com temperos religiosos: a presença do Deus da aliança, que não abandona o seu povo mesmo na diáspora, e a confiança inabalável dos seus amigos, que não desesperam nem mesmo diante de perigos fatais.

Transportado para a época dos Macabeus, o livro de Ester assim composto "batiza" o movimento revolucionário dos Macabeus contra a dominação selêucida. Não é só o povo a desejar a liberdade e a lutar por ela, mas Deus mesmo assume como própria a causa do povo que anseia por liberdade e vida.

II. OLHANDO O LIVRO DE PERTO

Nesta breve apresentação, seguiremos o modelo 2 (anteriormente citado), ou seja, consideraremos a fusão do livro de Ester e o texto hebraico com os acréscimos gregos, num total de 10 capítulos. O texto pode ser subdividido nas seguintes unidades: Introdução (1,1a-lq); **1.** O rei Assuero e a rainha Vasti (1,1-22); **2.** Mardoqueu e Ester (2,1-3,6); **3.** O grande perigo (3,7-5,14); **4.** A vitória dos judeus (6,1-9,19a); **5.** A festa dos Purim (9,20-10,3k).

Introdução (1,1a-1q): O sonho de Mardoqueu

O livro começa situando os acontecimentos no tempo e apresentando três dos principais protagonistas da história: o rei Assuero, o judeu Mardoqueu e o primeiro ministro Amã. Mardoqueu era da tribo de Benjamim e pertencia ao grupo de deportados para a Babilônia pelo rei Nabucodonosor.

Ele teve um sonho, cujo conteúdo será revelado adiante: dois enormes dragões avançavam contra o povo judeu. Mardoqueu morava no palácio do rei Assuero, junto com os guardas. Certo dia, descobriu-lhes o plano de matar o rei Assuero. Por intervenção de Mardoqueu, o rei salvou a própria vida, e o fato foi registrado nos Anais do palácio. Isso desagradou a Amã, que começou a planejar a morte do judeu.

1. O rei Assuero e a rainha Vasti (1,1-22)

O rei Assuero deu um grande banquete na capital da Pérsia, chamada Susa. Convidou os chefes do exército da Pérsia e da Média, os nobres e governadores das províncias. O banquete se estendeu ao povo e tinha como objetivo mostrar o esplendor, a grandeza e a riqueza do rei.

Sua esposa, a rainha Vasti, também ofereceu um banquete para as mulheres no palácio real. O rei Assuero ordenou que a rainha se apresentasse ao banquete, pois ele queria mostrá-la ornada do diadema real, a fim de que todos contemplassem a sua beleza. Vasti, porém, recusou-se a comparecer, e o fato foi considerado grave: se a rainha desobedece ao rei, todas as mulheres seguirão seu exemplo, desobedecendo aos maridos.

A punição foi severa: Vasti perdeu o título de rainha, e, com um decreto, o rei restabeleceu a autoridade dos maridos nas famílias. Mas era necessário encontrar outra rainha.

2. Mardoqueu e Ester (2,1-3,6)

Em Susa, houve um grande concurso das candidatas a rainha. Entre elas encontrava-se a judia Hadassa, isto é, Ester. Órfã de pai e mãe, havia sido criada pelo tio Mardoqueu. Tinha um corpo bonito e um aspecto agradável. O encarregado da seleção chamava-se Egeu, e Ester lhe agradou. Ela havia recebido do tio a ordem de não confessar sua origem judaica. Cada moça devia apresentar-se ao rei após um ano de preparativos. Durante esse tempo, elas se preparavam com óleos, bálsamo e cremes, a fim de se apresentarem extremamente formosas.

Finalmente, após um ano de espera, Ester foi apresentada a Assuero, e ele a preferiu a todas as outras mulheres. Colocou-lhe sobre a cabeça o diadema real e escolheu-a como rainha em lugar de Vasti. E deu um grande banquete, chamado "o banquete de Ester", a todos os altos oficiais e a todos os servos, concedendo um dia de feriado para todas as províncias e distribuindo presentes.

Nessa ocasião, Mardoqueu trabalhava na Porta Real. Dois guardas, chamados Bagatã e Tares, planejaram um atentado contra o rei. Mardoqueu avisou Ester, e a rainha salvou o rei da morte. Os dois guardas foram enforcados, e o fato foi registrado nos Anais do palácio.

O rei tinha um primeiro ministro chamado Amã. Era o seu braço direito. Quando ele passava pela rua, todos deviam se ajoelhar diante dele, pois assim o rei havia ordenado. Mardoqueu, porém, recusou-se a fazê-lo, irritando enormemente a Amã, por ter declarado que um judeu não se ajoelhava diante de um ser humano. A raiva de Amã foi tanta a ponto de ele planejar a morte de todos os judeus estabelecidos no reino de Assuero.

Novelas bíblicas

Resuma o que foi dito até agora, associando:

1. Hadassa	**1**	○ Nome da rainha deposta
2. Diáspora	**2**	○ Divindades mesopotâmicas
3. Mardoqueu	**3**	○ Tradução da palavra Purim
4. Ester	**4**	**1** Nome judaico de Ester
5. Purim	**5**	○ Encarregado de selecionar as moças
6. Amã	**6**	○ Palavra que significa *dispersão*
7. Susa	**7**	○ Rainha em lugar de Vasti
8. Bagatã e Tares	**8**	○ Festa da coroação de Ester
9. Assuero	**9**	○ Primeiro ministro de Assuero
10. Vasti	**10**	○ Nome do tio de Ester
11. Pérsia	**11**	○ Festa judaica
12. Egeu	**12**	○ Nome de Xerxes I
13. "Banquete de Ester"	**13**	○ Sede do rei Assuero
14. Ishtar e Marduc	**14**	○ Conspiradores
15. Sortes	**15**	○ Território do rei Assuero

Respostas: 10, 14, 15, 1, 12, 2, 4, 13, 6, 3, 5, 9, 7, 8, 11.

3. O grande perigo (3,7-5,14)

O plano de Amã previa o extermínio de todos os judeus residentes no reino de Assuero. Mas o decreto devia partir de Sua Majestade. Amã, então, procurou convencer o rei: "No meio dos povos, em todas as províncias de Vossa Majestade existe um povo que não obedece às leis do Império. Não podemos deixar essa gente em paz. É preciso decretar a sua morte..." (veja 3,8-9).

Sem saber de qual povo se tratava e a origem da rainha, Assuero entregou a Amã o próprio anel, dando-lhe plenos poderes. E o decreto de extermínio dos judeus foi lavrado sob a autoridade do rei e espalhado por todas as províncias do Império.

Na cidade de Susa, os judeus ficaram consternados, ao passo que Amã viveu em festas e bebedeiras. Mardoqueu mandou um recado a Ester: ela devia comparecer à presença do rei e interceder pelo povo ao qual ela pertencia. Ester temeu, pois todos sabiam que quem comparecesse à presença do rei sem ser convocado era réu de morte. Mardoqueu insistiu: "se Ester não comparecer, ela mesma não escapará, pois é judia".

E ambos se puseram a rezar. A longa oração de Mardoqueu terminou assim: "Deus, escuta a minha prece, favorece esta parte da tua herança, muda o nosso luto em alegria, para que vivamos cantando teu nome, Senhor. Não permitas que fique muda a boca de quem te louva" (4,17h). A rainha Ester também rezou, pedindo coragem, e concluiu desta forma a sua prece: "Deus, cuja força tudo vence, escuta a voz dos desesperados, tira-nos da mão dos malfeitores e livra-me do medo!" (4,17y).

Correndo perigo, ela se apresentou ao rei. Ele a recebeu, carinhosamente, prometendo-lhe cumprir tudo o que pedir. E ela lhe pediu para comparecer com Amã ao banquete que preparou.

Enquanto estava indo ao banquete, Amã ficou furioso com Mardoqueu, pois ele não se ajoelhou à sua passagem. E ordenou preparar uma forca para que, no dia seguinte, Mardoqueu fosse nela executado.

No primeiro banquete, Ester não revelou sua vontade. Simplesmente convidou os dois para o segundo banquete no dia seguinte.

4. A vitória dos judeus (6,1-9,19a)

Naquela noite o rei não tinha sono. Pediu então que lhe trouxessem os Anais da corte. Aconteceu-lhe de ler o episódio em que Mardoqueu lhe salvou a vida. E decidiu recompensá-lo, após saber que nada havia sido feito em favor de quem o salvara da morte.

Nesse momento, apareceu Amã, e o rei perguntou-lhe: "Como se deve tratar um homem a quem o rei deseja honrar?" Pensando que essa pessoa seria ele, Amã respondeu: "Que seja vestido com roupas de príncipe, como as que usa o rei; que se traga um cavalo, desses que o rei monta, e que se coloque sobre sua cabeça um diadema real; que essa pessoa seja conduzida a cavalo pela praça da cidade, e que o condutor grite: isso é o que se faz à pessoa a quem o rei deseja honrar!"

O rei não perdeu tempo: "Faça isso logo ao judeu Mardoqueu, sem esquecer coisa alguma daquilo que você disse!" Cheio de vergonha, Amã teve de cumprir tudo o que o rei havia ordenado. Em seguida, foi levado ao segundo banquete de Ester. E dessa vez a rainha foi clara e objetiva: "Conceda-me a vida e a vida do meu povo, pois fomos entregues ao extermínio e à matança".

Ao saber que o responsável por tudo isso era Amã, o rei ficou furioso. Abandonou o banquete e foi para o jardim. Quando voltou, encontrou Amã caído sobre o divã onde Ester se recostava. E gritou: "Depois disso quer ele ainda violentar a rainha diante de mim, em meu palácio?" E Amã acabou na forca que havia preparado para Mardoqueu.

As sortes imediatamente se inverteram. Por intercessão de Ester, Assuero revogou a sentença de extermínio contra os judeus. Para os judeus, esse dia foi um dia de luz, de alegria, de exultação e de vitória. E em todas as províncias, em todas as cidades, em toda a parte aonde chegavam as ordens do decreto real, havia entre os judeus alegria, regozijo, banquetes e festas.

5. A festa dos Purim (9,20-10,3k)

Mardoqueu registrou por escrito todos esses acontecimentos, ordenando a todos os judeus que se encontravam nas províncias do rei Assuero que celebrassem todos os anos, nos dias 14 e 15 de Adar, esse acontecimento extraordinário e que esses dias fossem de banquetes e de alegria, de troca de presentes e de doações aos pobres. Essa é a razão pela qual esses dias foram chamados de Purim, pois, no dia em que Mardoqueu ia ser enforcado por ordem de Amã, o próprio Amã morreu na forca que mandara preparar.

A história de Ester termina elogiando Mardoqueu, elevado ao cargo de primeiro ministro do rei Assuero. Era um homem estimado por todos os judeus, pois procurava o bem de seu povo e se preocupava com a felicidade de sua raça.

Os últimos acréscimos em grego explicam o sonho de Mardoqueu do início do livro. A essas alturas, todo leitor do livro de Ester sabe interpretá-lo corretamente.

Avaliação
Faça uma avaliação do livro de Ester. Anote aquilo que ficou claro e também aquilo que merece aprofundamento. O estudo da Bíblia é uma aventura que só termina se nós o desejamos.

Índice

A coleção: "Conheça a Bíblia. Estudo popular" | 3

Apresentação | 5

HISTÓRIA DO CRONISTA E MACABEUS | 7

1. OS LIVROS DAS CRÔNICAS | 9

I. Antes de abrir os livros | 9
    1. Títulos diferentes | 9
    2. Um jeito diferente de contar a história | 9
    3. Descobrindo a identidade do autor | 10
    4. Autor bem documentado | 11
    5. Historiador ou teólogo? | 11
    6. Por que Davi e não Salomão? | 12
    7. Por que não falar do Reino do Norte? | 12
    8. Os reis de Judá: gente boa ou má? | 13
    9. Aprofundando os motivos da catástrofe | 15
    10. Riscos ou "pecados" dos sacerdotes | 17

II. Olhando de perto os livros | 19
    1. Genealogias (1 Crônicas 1 a 9) | 19
    2. Davi, fundador do culto do Templo (capítulos 10-29) | 22
    3. Salomão, construtor do Templo (2 Crônicas 1 a 9) | 23
    4. Os descendentes de Davi no trono de Judá (capítulos 10-36) | 24

2. OS LIVROS DE ESDRAS E NEEMIAS | 29

I. Antes de abrir os livros | 29
   1. A história continua... | 29
   2. Dois em um e muitas dificuldades | 29
   3. Tentando reconstituir os fatos | 32
   4. Existe uma explicação para esse baralhamento? | 33
   5. Presença e atividade dos últimos profetas | 33

II. Os livros de Esdras e Neemias e seus temas principais | 34
   1. A volta do exílio (539-537): 2 Crônicas 36 e Esdras 1-3 | 34
   2. Em torno do Templo (536-515): Esdras 4-6 | 36
   3. As muralhas da cidade (448-433):
     Esdras 14,8-22; Neemias 1-7; 13 | 38
   4. Em torno da Lei (430-429):
     Neemias 8-10; 13,1-3; Esdras 7-8 | 39
   5. Em torno da raça (428):
     Esdras 9-10; Neemias 13,23-31 | 40

3. OS LIVROS DOS MACABEUS | 43

I. Antes de abrir os livros | 43
   1. Um pouco de história | 43
   2. O helenismo | 45
   3. Falando de datas | 47
   4. Os livros dos Macabeus | 48
   5. Tempos de resistência | 51

II. Olhando de perto os livros | 52
   1. Primeiro livro dos Macabeus | 52
   2. Segundo livro dos Macabeus | 55

NOVELAS BÍBLICAS| 61

4. O LIVRO DE RUTE | 63

I. Antes de olhar de perto o livro | 63
   1. "No tempo dos Juízes..."? | 63
   2. A reforma de Esdras e Neemias | 64

3. A lei do cunhado ou do levirato | 64
4. A lei do resgate da terra | 64
5. História ou ficção? | 65
6. Nomes simbólicos | 65

II. Olhando de perto o livro | 67

1. (1,1-22): "Minha vida é andar por esse País, pra ver se um dia descanso feliz" | 69
2. (2,1-23): "Os boias-frias quando tomam umas biritas, espantando a tristeza, sonham com bife a cavalo, batata frita..." | 70
3. (3,1-18): "Gracias a la vida que me ha dado tanto me dió dos luceros que cuándo los abro perfecto distingo lo negro del blanco y en alto cielo su fondo estrellado y en las multitudes el hombre que yo amo" | 70
4. (4,1-22): "Eu não quero mais a morte, tenho muito que viver; vou querer amar de novo e, se não der, não vou sofrer; já não sonho, hoje faço com meu braço o meu viver" | 71

5. O LIVRO DE JONAS | 73

I. Antes de abrir o livro | 73
1. O que o livro de Jonas não é | 73
2. O que o livro de Jonas é | 74

II. Olhando de perto o livro | 78
1. Capítulo 1: Uma viagem desafiadora | 79
2. Capítulo 2: Tomada de consciência | 80
3. Capítulo 3: Um Deus diferente | 81
4. Capítulo 4: Jonas, deixe de ser mesquinho! | 81

6. O LIVRO DE TOBIAS | 83

I. Antes de abrir o livro | 83
1. Um livro deuterocanônico | 83
2. Época em que foi escrito | 84
3. Por que foi escrito? | 85
4. Textos diferentes | 86
5. Um romance familiar | 87

II. Olhando de perto o livro | 88
1. Tobit e sua família no exílio (capítulo 1) | 88
2. O sofrimento do justo (2,1-3,6) | 89
3. O sofrimento de Sara (3,7-17) | 90
4. Tobias: tal pai, tal filho (capítulo 4) | 91
5. O companheiro Azarias (anjo Rafael; 5,1-6,1) | 92
6. O peixe (6,2-20) | 93
7. Raguel: o casamento (capítulo 7) | 95
8. A libertação de Sara (capítulo 8) | 95
9. A festa de casamento (capítulos 9 e 10) | 96
10. A libertação de Tobit (capítulo 11) | 97
11. A revelação de Azarias (capítulo 12) | 97
12. Oração de Tobit (13,1-14,1a) | 98
13. Conclusão (14,1b-15) | 98

7. O LIVRO DE JUDITE | 99

I. Antes de abrir o livro | 99
1. Um livro deuterocanônico | 99
2. Um livro de ficção | 100
3. Quando foi escrito? | 100
4. Por que foi escrito? | 100
5. Nomes simbólicos | 101
6. Uma mulher como protagonista e heroína | 102
7. Textos diferentes | 102

II. Olhando de perto o livro | 103
1. A ambição imperialista (capítulos de 1 a 6) | 103
2. Betúlia sitiada (capítulo 7) | 106

3. Surgimento da heroína (capítulos 8 e 9) | 106
4. Na tenda do inimigo (capítulos de 10 a 13) | 107
5. A vitória e a festa (capítulos de 14 a 16) | 109

8. O LIVRO DE ESTER | 111

I. Antes de abrir o livro | 111
   1. Um livro escrito em duas línguas | 111
   2. Um livro de ficção | 112
   3. Um livro para suscitar resistência | 113
   4. Para justificar uma festa | 114
   5. Por que os acréscimos em grego? | 115

II. Olhando o livro de perto | 116
   Introdução (1,1a-1q): O sonho de Mardoqueu | 116
   1. O rei Assuero e a rainha Vasti (1,1-22) | 116
   2. Mardoqueu e Ester (2,1-3,6) | 117
   3. O grande perigo (3,7-5,14) | 119
   4. A vitória dos judeus (6,1-9,19a) | 120
   5. A festa dos Purim (9,20-10,3k) | 121

MAPAS

   Império da Babilônia 612 a.C. a 539 a.C. | 27
   Império Persa em 500 a.C.| 31
   Campanhas de Alexandre Magno até o cerco de Tiro | 44
   Alexandre Magno na Palestina | 45
   Campanhas de Judas Macabeu | 54
   Belém de Judá | 68

MISTO
Papel produzido a partir de fontes responsáveis
FSC® C132240

A marca FSC® é a garantia de que a madeira utilizada na fabricação do papel deste livro provém de florestas que foram gerenciadas de maneira ambientalmente correta, socialmente justa e economicamente viável.

Este livro foi composto com as famílias tipográficas Cantonia, Minion Pro e Segoe e impresso em papel Offset 75g/m² pela **Gráfica Santuário.**